柳宗悦と民藝

物と場所の思考

竹中均
Hitoshi Takenaka

関西学院大学出版会

目次

序章　略史と本書の概略

1　はじめに

民藝という言葉が誕生してから百年が経つ。しかしこの言葉は今でも、様々に形を変えて生き続けていると思う。単に、民藝運動の本拠地である日本民藝館が今も開館し続けているというだけではない。現在、民藝館で展示されている物を見た若い人々はおそらく、「無印良品」を思い出さずにはいられないだろう。無印良品がＭＵＪＩの名前で世界に広く知られているのと同様に、民藝はＭＩＮＧＥＩとして国際的に知られてきた。ちなみに、現館長の深澤直人は、工業デザイナーとして「無印良品」とも関わりがある。

近年において民藝が新たな視点から考え直されたきっかけの一つは、東日本大震災である。その圧倒的な物理的破壊を直接経験しなかった人々に対しても、この大災害は、人間と物質文化との関係について新たに考える必要を迫った。そこで図らずも、民藝という名の、ほぼ百年前に起きた関東大震災の後に生まれた文化運動が思い起こされたのである。物は、普通の人々によって作られ、普通の人々によって使われ、そして捨てられてきた。その全過程をもう一度考え直さなければならない、と。

関東大震災後の廃墟に建つバラック建築に注目した今和次郎は後年、「考現学」を提唱したが、民藝運動もまた、ある意味で考現学であった。古い伝統をただ守るのではなく、今の人々の必要と今の社会の仕組みの中で、民藝は日々作られ続けている。しかし、そんなささやかな営みは、西洋的近代化の奔流の中で忘れられがちである。その危機に瀕した営みの現在進行形を捉え、新しい今として蘇らせようというのが、民藝の目指すところであった。だがまずは、民藝の歴史をごく簡単に辿ってみたい。その際、運動創始者の一人・柳宗悦を中心に置きながら、かつ、本書の各章のテーマとの関わりに応じて濃淡をつけながら記述していくことにする。

以下、本書中で論じる諸事項を中心に柳宗悦の生涯を概説するが、その記述は、三重県立美術館で開催された『柳宗悦展――「平常」の美・「日常」の神秘』図録（編集：三重県立美術館、担当：土田真紀・毛利伊知郎・佐藤美貴）所収の「略年譜」に全面的に依拠している。なお、この略年譜は「水尾比呂志著『評伝　柳宗悦』（筑摩書房、一九九二年）および『柳宗悦全集　第二二巻下』（筑摩書房、一九九二年）所載の水尾比呂志編の年譜をもとに作成」されたものである（三重県立美術館、一九九七、二一一頁）。

なお、本書全体を通じて、『柳宗悦全集』からの引用等では適宜、表記を新字・新かなに改めた。ご了承いただきたい。

2　柳と民藝・略史

誕生から結婚まで

一八八九年三月二一日、日本の近代化と浅からぬ縁がある両親（海軍で海図作成に携わった軍人の柳楢悦と、嘉納治五郎の姉である勝子）のもとに宗悦は東京で生まれる。楢悦は、海軍の近代化と江戸時代以来の和算の伝統とを架橋しようとした人であったし、母方の叔父、嘉納治五郎は柔道の近代化に貢献した人である。一八九一年一月、若くして父が亡くなる。その後、父以外にも兄・妹・子を若くして失うという経験を宗悦は重ねていく。この辛い経験が柳の思想に対して深い影響を与えたという意見もある。

一八九五年九月、学習院初等学科へ入学する。エリート階級に属する子弟としては普通のルートだろうが、学習院での様々な出会いが、彼の知的世界形成に独特のニュアンスを与えた。一九〇一年九月、学習院中等学科へ進学し、後の『白樺』同人達との交流が始まる。一九〇七年四月、学習院高等学科へ進学する。若き日の鈴木大拙や西田幾多郎から語学を教わる。特に大拙とは終生のつき合いとなった。

他の『白樺』の仲間達と同様に、柳は西洋とその近代文化に対して強い関心と憧れを抱いたに違いない。『白樺』同人の中でもとりわけ学問に秀でていた柳は、西洋を学術的に深く理解し得た。当時の人々にとってほぼ同時代の美術であったポスト印象派の絵画が日本の人々に知られていく過程で、柳による啓蒙が与えた影響は少なくない。結果的に見れば、近代西洋への関心が背景にあったからこそ柳は、東洋や日本に対する新たな眼差しを獲得できたと言えるだろう。また柳が、西洋の近代だけでなく、近代以前の中世の芸術や宗教思想に早くから関心を抱いていたことは、当時の日本においては先駆的である。

一九〇九年九月、数か月前に来日していたバーナード・リーチの知遇を得る。香港に生まれ、日本で幼少の一時期を過ごした経験のあるリーチは後年、民藝運動の仲間となり、帰英後はイギリス近代陶芸に大きな影響を与えることになる。ちょうど同じ頃、柳は骨董店で初めて朝鮮陶磁（朝鮮王朝時代の陶磁、かつて日本では「李朝陶磁」と呼ばれていた）を購入する。当時はまだ、焼き物が一般の美術的関心の対象となっていなかった。もちろん骨董や茶道独特の価値観は古くから存在していた。だがそれは、近代西洋美学的な意味での美意識とは別物と思われていた。学問ではなく「趣味」に過ぎないと見なされていたのである。

一九一〇年三月、学習院高等学科を卒業する。四月には雑誌『白樺』が創刊され、柳はほぼ毎号に寄稿していた。九月、『白樺』第六号に「新らしき科学（上）」を発表する。同じ九月、東京帝国大学文科大学哲学科へ入学する。一九一一年一〇月、大学在学中に、初めての著書『科学と人生』を刊行するほど彼は早熟だった。

一九一三年七月、東京帝国大学を卒業する。卒業論文の題目は「心理学は純粋科学たり得るや」であったと言うが、現物は残されていないらしい。若き日の柳が心理学や自然科学に関心を持っていたことは意外に思えるかも知れない。だが二〇世紀初頭、自然科学に対する捉え方は現在とはかなり異なっていた。まだ人々が第一次世界大戦という悲劇を体験する以前の時代、広義の心理学に対して今から見れば過剰な期待が寄せられていた。超心理現象への一時的な熱狂がそれである。柳自身も一時期この気分の中にあった。

一九一四年二月、柳宗悦は二五歳で中島兼子と結婚する。兼子は後年、声楽家として日本の近代西洋音楽に大きな足跡を残すことになる。音楽関係者からすればむしろ、宗悦は偉大な兼子先生の連れ合いとして知られているそうである。兼子の視点から宗悦と民藝について捉え直すことは今後ますます重要になるだろう。

朝鮮との出会い

同じ一九一四年九月、朝鮮在住の日本人で『白樺』愛読者であった浅川伯教が、千葉県・我孫子に住む柳のもとを訪れる。その際に浅川は手土産として朝鮮白磁、つまり（かつて日本では「李朝」と称されていた）朝鮮王朝時代の白磁を持参してきた。これが柳の朝鮮工藝開眼のきっかけとなる。同年十二月、リーチの影響も受けて、イギリスの神秘主義詩人・画家であるウィリアム・ブレイクにかねてから強い関心を抱いていた柳は、『ヰリアム・ブレイク』という大冊の研究書を刊行する。現在では、生地イギリスでも高い評価が確立しているブレイクだが、柳の時代には異端視され、知られざる存在だった。柳の慧眼と言うべきだが、それが朝鮮工藝への注目と同時期だったという点は示唆的である。

一九一六年八月、浅川伯教を介して前年末に知り合った彼の弟・浅川巧を訪ねて、朝鮮を旅し、慶州の佛国寺・石窟庵を訪問する。柳は石窟庵の美に魅了され、後に、その感動を分析する長文を物することになる。当時の石窟庵は総督府主導による（現在の視点から見れば不適切な）「修復」のせいで危機的状況にあると柳は批判した。ちなみに現在、石窟庵は世界遺産に登録されている。九月、北京にいたリーチを訪れる。十二月、再来日したリーチが柳邸内に窯を作り、作陶を始める。

一九一九年二月、宗教哲学についての論考をまとめて『宗教とその真理』を刊行する。柳の宗教論は、キリスト教の範囲を広げて神秘主義にも注目し、さらには仏教やイスラム教をも含む大きな輪を描こうとする試みだった。三月、朝鮮で三・一独立運動が起こり、五月に『読売新聞』に「朝鮮人を想ふ」を連載する。同月、リーチの窯を訪ねてきた濱田庄司の知遇を得る。柳の人生にとって、ゆるやかにつながる友人ネットワークは重要な意味を持っていた。民藝の仲間達はそうやって形成されていき、それが柳の領域横断的な思想を形作っていったのである。

一九二〇年五月、兼子やリーチと共に再び朝鮮へ渡り、各地で講演会と音楽会を開催する。六月、『改造』に「朝鮮の友に贈る書」が、検閲によって部分削除された形で掲載される。行動と思想が密接に関わり合い相互作用するのが柳の特徴である。その作法はこれ以降、民藝運動の形成という形を取って開花していく。この年、リーチが濱田を伴ってイギリスへ帰る。

一九二一年五月、神田・流逸荘で「朝鮮民族美術展覧会」を開催する。河井寛次郎がこの展覧会を観て強い感銘を受ける。展覧会が人と人の出会いとなりうる可能性を秘めていることは示唆的である。

一九二二年八月、光化門の取り壊しに反対する「失はれんとする一朝鮮建築の為に」の朝鮮語訳が『東亜日報』に掲載される。九月、「失はれんとする一朝鮮建築の為に」を『改造』に発表する。同月、『朝鮮とその芸術』を刊行する。これら一連の流れは、柳の文章が誰に向けて書かれていたのかを示唆する。

一九二三年九月一日、関東大震災が起きる。柳は兄を失う。同月、震災の打撃を受ける形で『白樺』が終刊する。十一月、大震災被災朝鮮人救済音楽会と講演会を京城（植民地期における現ソウルの呼称）等で開催する。

一九二四年一月、浅川巧と共に山梨県甲府を訪れて、小宮山清三の朝鮮陶磁コレクションを見学した際、たまたま出会った木彫仏に惹きつけられ、知られざる作り手、木喰上人の調査を始める。四月、友人達と共に京城の景福宮内に「朝鮮民族美術館」を開館する。先年の震災の影響もあって、京都へ転居する。イギリスから帰国した濱田と京都の河井宅へ訪ねて行き、イギリスから届いたスリップウェアを見る。河井との親交が始まる。河井も濱田と共に「用の美」を目指した作陶を志して、柳と共に雑器の蒐集に情熱を傾ける。

木喰仏から民藝へ

柳の伝記を調べていると、人にせよ事柄にせよ何かとの突然の出会いが、彼のその後の思想と行動に決定的な影響を与えてきたことが分かる。その一つ、木喰仏との出会いも、意図したものではなく偶然だった。そのような偶然が単なる偶然に留まらなかったのが民藝の歴史である。柳の眼差しが（狭義の）日本の内部へ向かい始めたのは、「朝鮮民族美術館」開館と同時期だった。それは偶然だったのかも知れないが、日本の近代化の成り行きという視点から見れば必然でもあった。

一九二五年十二月、木喰仏調査のため、河井や濱田と紀州を旅行中に、「民藝」という新しい言葉を作り出す。朝鮮陶磁から木喰仏へ、そして日本の工藝全般へ。いくつかの偶然の出会いにも助けられた連鎖の中からこの言葉は生まれた。そして言葉の誕生は、社会と美の関わり方についての新しい発想の誕生でもあった。現在、この言葉が普通名詞のようにも受け取られているという状況は良いとばかりは言えない。言葉が当たり前のものとして受け取られることによって、その本来の意義や文脈が忘れられがちだからだ。

一九二六年四月、『日本民藝美術館設立趣意書』を富本憲吉・河井・濱田と連名で発表する。それに呼応するように九月、『越後タイムス』紙上に民藝についての画期的論考「下手もの、美」を発表する。美術館を自分達の手で作らねばならないということは、従来の施設には自分達の眼差しの居場所が見出せなかったということでもある。美術館のほとんどが官立だった当時、居場所がなければ自分達で作ればよいという発想に基づく柳達の挑戦は先駆的で、趣意書はそのためのマニフェストだった。

一九二八年三月、上野公園での「御大礼記念国産振興東京博覧会」に「民藝館」を出品する。この建物は博覧会後には大阪へ移され「三國荘」と名づけられた。民藝という新コンセプトを普及させるための戦略として博覧会に出展したことは、「博覧会の世紀」とも呼ばれる二〇世紀に相応しい布石だったと言えよう。

一九二九年から三〇年にかけての長期間、柳達はヨーロッパとアメリカを旅行する。その途上、スウェーデンのストックホルムで「北方博物館」を訪問するが、そこで柳達は、構想中の民藝美術館のモデルとなるイメージを得た。それは、国家的になりがちな官立博物館とは異なる発想で物を展示する道の模索だった。

民藝館の設立

一九三一年一月、月刊雑誌『工藝』が創刊される。この雑誌はそれ自体が工芸品という側面を持つユニークな出版物である。白樺派にとって『白樺』という雑誌メディアが重要だったのと同様に、民藝運動にとって『工藝』は重要だった。メディアの重要性に対する繊細な認識がそこには表されている。『白樺』以来、柳は優れたエディターでもあった。四月、浅川巧が若くして亡くなる。同月、大分県日田・皿山の小鹿田焼の素晴らしさを見出す。この頃から、山陰地方での活動が活発化する。

一九三二年六月、倉敷で大原孫三郎の知遇を得る。大原は社会への幅広い関心を持つ企業家で、自らの関心を追求するために、お上に頼らずに自らの手で組織や施設を作り上げるという点では、柳と似通った志を持っていた。

一九三三年五月、東京へ転居する。一九三四年六月、日本民藝協会が設立され、会長に就任する。同じ年に柳田國男が、民俗学研究者の民間組織である「木曜会」を作っている。

民藝運動の特徴の一つは、それまで美という視点から省みられなかった雑器の素晴らしさを賞揚することによって、造形物の美についての従来の判断基準そのものを相対化し批判するのを試みた点にある。当時の一般的な美意識は、西洋近代美学の強い影響を受けるだけでなく、日本の伝統的美意識をも反映していたが、柳達の眼差しはそのどちらとも違っていた。それは、古い伝統を懐かしむ復古ではなく、同時代の文化と社会の現状に対して物申す革新だった。

一九三五年五月、大原孫三郎から民藝館建設資金の寄贈申し出を受ける。民藝館の特徴の一つは、全面的に民間の資金で作られたという点にある。柳達が自分達の民藝コレクションを上野の博物館へ収めても良いと考えたこともあったが実現しなかったというエピソードが残されているが、当時の民藝の立場をよく表している。

一九三六年一〇月、東京・駒場に日本民藝館が開館する。

一九三八年十二月、柳は沖縄を初めて訪れ、壺屋を訪問する。この後、何度も沖縄を訪れるが、やがて沖縄戦がこの島々に襲いかかり、人々の命と共に多くの生活文化が灰燼に帰した。

沖縄と戦争

一九三九年、『月刊民藝』（日本民藝協会）が創刊される。創刊号に柳は「なぜ琉球に同人一同で出かけるか」を発表する。この会誌は現在も刊行され続けている。

一九四〇年一月、三回目の沖縄滞在中に「言語論争」が起こる。四月、『月刊民藝』誌上で柳田國男との対談が掲載される。日本の民俗学の出発点となった柳田もまた沖縄に魅了された東京在住者であったが、その立場は柳と同じではなかった。民藝と民俗学は、民という語を共有していながら異なる道を歩んだ。

一九四一年八月、『新体制と工藝美の問題』を刊行する。戦時体制への民藝運動の対応は、今日においても様々な議論の余地がある。華美や贅沢を避けようという一見もっともな主張は、時代状況の中でどんな意味を担ったのか。一九四二年一月に単著『工藝文化』が刊行される一方、四月には柳と式場隆三郎の共編により『現在の日本民窯』が刊行される。懐古的な過去ではなく現在という時点へ注目するという姿勢は民藝の特徴の一つだが、この書における現在とは図らずも戦時だった。

一九四五年三月、大阪空襲のせいで、印刷所に保管されていた『日本民藝圖譜現在篇』の原稿や写真版が焼失し、幻の著書となっている。他方、東京の民藝館も空襲の危機に曝されたが、辛うじて破壊を免れ、戦後には理解者の協力により接収の危機も乗り越えていった。

仏教美学と早すぎる死

一九四六年一月、浄土系仏教への関心が高まる。五月、富山県の城端別院に滞在し、色紙和讃に感嘆する。ここでも柳は、宗教への関心だけでなく、色紙和讃という物の美との新たな出会いを経験した。

一九四八年六月、『手仕事の日本』を刊行する。柳のこの書の原稿は戦時中に書かれていたが、戦後になって刊行が可能になった。本書と『現在の日本民窯』とは、戦後か戦中か、単著か共著かという点で違いがある。

一九四九年三月、前年に城端別院で書いていた『美の法門』（私家本）を刊行する。柳の思想における一種の晩期様式の始まりと言える。それは、民藝を宗教哲学という側面から追究する試みだった。一九五〇年七月、衣笠一省との共編で『妙好人因幡の源左』を刊行する。民藝という妙好品から、在野の篤信者としての妙好人へ。妙好人への関心は、鈴木大拙から受け継がれた側面がある。

一九五二年五月から一九五三年二月まで、濱田達と欧米を旅行する。その間、七月にはイギリスで、リーチや濱田と共に「ダーティントン国際工芸家会議」に出席する。民藝を国際的な視点から広く捉え直す時期の到来である。

一九五五年三月、丹波篠山の立杭焼を訪れ、古丹波の美に改めて注目する。晩年に至っても柳は、日本国内に古くて新しい物の美を発見し得た。フィールドワーカーとしての柳の真骨頂である。十二月、日本民藝館で初めて茶会を開催する。民藝と茶道は共に、物の使用と深く関わる点で似ている。だがそれゆえに、思想と実践において複雑な緊張関係にある。どちらも今日、ローマ字表記で世界に通用している点は示唆的である。

一九五六年二月、『蒐集物語』を刊行し、九月、『丹波の古陶』（私家本）を刊行する。十二月、民藝館でコーヒー茶会を開催する。一九五八年六月、著作権の一切を日本民藝館へ譲り渡す。一〇月、『茶の改革』を刊行する。一九六〇年六月、鎌倉の松ヶ岡文庫に鈴木大拙を訪ねる。

一九六一年五月、柳宗悦死去。享年七二歳。柳は、長年の師である大拙より早く亡くなった。柳の没後、高度経済成長期を経て、いわゆる「民芸」ブームが起こったが、もし柳がもっと長く生きていたならば、この現象についてどんな文章を書き残しただろうか。

以上は柳宗悦の思想と行動の一端に過ぎないが、これらの事項を中心にして以下の論考は展開することになる。

3　本書の概略

筆者の前著『柳宗悦・民藝・社会理論――カルチュラル・スタディーズの試み』は、二〇世紀後半における先駆的論者達による民藝研究を踏まえた上で、二一世紀へ向けて新視点を提示したつもりである。それ以降、様々な領域の論者が民藝を論じている。だが、それら新たな柳宗悦論の中で、社会学的視点からの論考は多くはない。しかし今こそ、そのような視点が必要だと思われる。

社会学は従来、言語を媒介とした人と人との関係を伝統的に論じてきたが、近年、物を媒介とした人同士の関係や、人と物との関係について視野を広げつつある。この変化は、科学技術の発展が人間関係や社会関係のあり方を変貌させつつあるという現況を反映している。環境問題がその典型だろう。この視点からすれば、民藝は、人と物の関係のあり方を問う先駆けだったことになる。そう考えれば、近年、自らの生活に民藝的なセンスを取り入れようとする人が増えてきたのは当然だろう。

さらには、東日本大震災の影響も無視できない。日常生活やそれを支える物質文化は突然失われるかも知れないというリスク意識が多くの人々によって共有されたが、幾人かの有力な論者達が震災後に民藝に対して新たな関心を向け始めた。近年では、新型コロナウイルス感染症流行によるコロナ禍（以下コロナ禍）が日常を破壊したこととの関連で、民藝的な観点が注目されている。そもそも柳は、関東大震災と戦争を経験した世代なのである。

日本民藝館の館長は現在、「無印良品」でも知られる工業デザイナー・深澤直人である。二〇二〇年、コロナ禍による緊急事態宣言発出の直後に彼は著書『ふつう』を刊行したが、その中で東日本大震災について取り上げているだけでなく、序文においてコロナ禍についても言及している（深澤、二〇二〇、三頁）。まさに「ふつう」が根底的に問い直されているのが現在の日本社会であり、その際、民藝を含め、物のデザインに関する思考が重要な意味を担うことになる。その意味では、このテーマこそ、「ふつう」を問い直す社会学が深く関わるべきではないだろうか。以下、各章の内容を紹介する。

第1章では、物とのつき合い方について論じる。民藝が新語として誕生した時代は民具という言葉が誕生した時代でもある。従来、民藝と民具は対立的に論じられてきた。だが、民具研究のルーツである日本民俗学の創始者・柳田國男は民藝を批判しながらも、物の美について論じていた。ここに、日本独自の環境社会学である「生活環境主義」へつながる道がある。民具研究を媒介にすれば、民藝と環境社会学は問題意識を共有しており、人と（環境を含む）物のつき合い方の未来についてのヒントがあることが分かる。

第2章では、前章に続き、民藝から生活環境主義への接続を試みる。宗教哲学者だった柳を民藝へと向かわせたのは、肯定／否定の二項対立をめぐる思想だった。そこでは、美術／工芸、美／用のような従来の二項対立が批判される。二項対立批判は柳田國男にもあり、その発想を受け継いだ日本の環境社会学者達が、自然環境と人間の営みを二項対立的に捉えない柔軟な視点を確立していった。

第3章では、先の二章の論点を郷土の視点から再考する。柳田にとって郷土という概念は日本社会観と深く連動していたが、民具研究の渋沢敬三は、柳田とは異なる日本社会観を抱いていた。国境を越えた物や人の交流が常態化した現在、渋沢の社会観は魅力的である。さらに、民俗学（柳田）と民具研究（渋沢）との間に民藝（柳）を置いて三角関係として展望することによって新たな社会観が浮かび上がる。

第4章では、戦争の時代の問題を扱う。民藝運動の発展期は戦時期と重なり、当時の民藝には「新体制」運動と共振する面があった。新体制をめぐる複雑な様相は、民藝関係者による共著『現在の日本民窯』から窺える。共著ゆえ多様な視点が並列的に提示されたが、戦後の柳の単著『手仕事の日本』と比較すれば、民藝の現実は『手仕事の日本』の理想主義と『現在の日本民窯』の現実主義の狭間にあったと言える。

第5章では、美と社会の関連について論じる。柳は美と社会の両方に関心を持ち、両者を独特な形で連動させた。柳の関心の連動が発揮されたのが植民地期朝鮮の工芸の事例である。この連動は一種の政治性を発揮した。それは、生産され移動する物に関心を向けることで、硬直化した歴史観を相対化する可能性を示唆している。

第6章では、柳と茶道の関係について論じる。柳の家元制度批判は有名だが、柳と茶道の関係は複雑である。ある意味で柳は、初期茶人の高麗茶碗発見の過程を近代的な形で踏襲したとも言える。両者の共通点は、同時代に作られた物への関心であり、柳の茶道批判の要点は、現在の茶人の関心が必ずしも現在の物へ向いていない点にあった。

第7章では、植民地期朝鮮での陶磁生産の問題を扱う。柳の朝鮮陶磁論は常に激しい議論の対象となってきたが、ここで注目すべきは、植民地支配下朝鮮における陶磁生産の実情である。高麗青磁への欲望と幻想が植民地支配の下で歪な展開を遂げたのが二〇世紀前半だった。それは解放後の韓国文化に対しても錯綜した影響を与えた。

第8章では、神秘と無意識の問題を論じる。柳を日本文化の無意識の発見者と見なしてみたい。その際、ユングの分析心理学と対比するのが有効である。鈴木大拙の影響を受けたユングも柳も仏教経典に目を向けたが、参照した仏典は異なっていた。この違いは、民藝とモダンデザインの親和性と関わる。神秘主義からモダンデザインへの接続こそ、民藝の特徴である。

以上の諸章は過去の論考であり、なるべく執筆当時の文章を維持するようにした。その上で終章では、これからの民藝の可能性について考える。近年の民藝再考の動きは、この二〇年間の日本社会の変遷を反映している。例えば、東日本大震災やコロナ禍がもたらした〈日常〉への問いや、世界共通の課題としての環境問題への注目がそうである。今後の諸課題へのヒントが民藝の中にあることを示したい。

参考文献

深澤直人（二〇二〇）『ふつう』D&DEPARTMENT PROJECT

三重県立美術館（一九九七）『柳宗悦展――「平常」の美・「日常」の神秘』三重県立美術館協力会

第1章　民藝
——物とどう向き合うのか？

1　物とのつき合い方

現在、雑誌で、物との「つき合い方」を特集するとすれば、取り上げるテーマは種々あるだろうが、候補の一つは、民藝を取り上げることだろう。今や民藝という言葉は、地方で良心的に生産される美しく実用的な日用工芸品を意味する普通名詞に近くなってしまった。だが元々は、特定の人々が特別な意図を持って創り上げた新造語だった。

常識的に考えれば、美とは希少な物である。手に入れにくい素材を用い、高度で特殊な技術と十分な時間をかけて創り上げられた物——それが美である。だとすれば、ありきたりの素材を用いて、ごく普通の無名の職人が安い値段で日々作る物、すなわち日常雑器は、そもそも美ではないはずである。このような考え方は、絵画や彫刻のような純粋美術こそ美だと考える西洋的な美意識が支配的になった近代日本でも、常識として受け入れられてきた。民衆的であることと芸術的であることとは両立し得ないと考えられたのである。そのような時代に、宗教哲学者だった柳宗悦とその友人達は、美しさなど念頭にないような地方生産の日用工芸品にこそ、高級な芸術が及びもつかないような真の美があり得ると主張し始めた。

塵取りは言うまでもなく実用品である。職人達は、美しさを追求したのではなく、ただ実用の商品としてそれを作ったに違いない。しかしそこには図らずも「用の美」があると柳達は考えた。それは新しい美の対象の発見というよりも、新しい美の眼差しの発見だった。このようにして始められたのが民藝運動である。そして今日では、このような眼差しの方が自然だと感じられるほど、広く受け入れられるようになり、「民藝」という言葉は半ば普通名詞化するまでに至った。

柳宗悦は、大正期における文化運動の一端を先導した集団「白樺派」の一員であり、エリート層出身の先進的知識人として、当時の輸入西洋文化をいち早く吸収し、日本の若者達に伝える役割を、最初は担っていた。しかしその後、柳は、同時代西洋の最新動向を追いかける生き方に疑問を感じるようになっていった。そして、それまでに体得した西洋的感覚と教養を通して、さらに朝鮮在住の浅川兄弟のような優れた知友の導きもあって、東洋や日本の文化を清新な目で見直し始める。そこで出会ったのが、日本によって植民地化された朝鮮の社会と文化だった。社会的な面での発言としては、一九一九年に、植民地化に抗する三・一独立運動が起こった際、それに対する日本側の武力対応を難じる文章「朝鮮人を想ふ」等を発表する。また文化的な面では、光化門をめぐる発言がある。朝鮮王朝の王宮は日本による朝鮮総督府の場へと変貌したが、一九二二年、総督府の新築のために、王宮の光化門が取り壊されることになった。それに対して柳は、取り壊しに反対する文章を発表する（中見、二〇〇三、一〇一頁）。これらの一連の文章は現在、様々な時代的な限界があったにせよ、植民地主義に対する良心的な批判として一定の評価を受けている。

このような朝鮮文化体験を通じて柳は、足下の日本にも、国家主導の近代化によって失われつつある、ささやかだが豊かな文化があることに次第に目が開かれていった。あまりに平凡であるがゆえに長らく意識されなかったが、ようやくその素晴らしさが見え始めた、古くて新しい物質文化に柳達は「民藝」という新しい名前を与えた。一九二六年に、工芸の実作者である盟友、濱田庄司や河井寛次郎らと共に構想した『日本民藝美術館設立趣意書』は、美術館構想という形を取った運動宣言文である。

柳達は、日本各地方の無名の窯場を訪れ、進むべき道を手探りする職人達を鼓舞し、都会で展覧会を開き、価値観の変更を伴う文化的刺激を、かなり広範囲な人々にもたらした。特に、朝鮮と沖縄の工芸を賞賛したことは、文化と社会の境界を考える上での示唆を後世に与えた。各地方に今も残る伝統的な民藝の収集、今生きている職人達による新作民藝、個人作家達による民藝的精神を体現する作品等を集大成し、関心を持つ人々が出会うフォーラムとしての日本民藝館が、民間の寄付を基盤として東京に造られたのは、一九三六年である。それ以降、敗戦という価値転換を経た後、戦後日本社会の変容と微妙に同期しながら、時ならぬブームも経験しつつ、地道な活動を続けて今日に至っている。

この運動は一見すると復古的に見えるが、必ずしもそうではない。なぜなら、二〇世紀とは、西洋の伝統的な近代美学に対する様々な反抗が起こり、そこから真に現代的な芸術が生まれた時代であるが、民藝運動の主張は、この時代潮流に反対するというよりもむしろ、その中に位置付けられるからである。実際、民藝運動以前に日本から西洋向けに輸出されていた精緻華麗な工芸品と、民藝運動から生まれた簡素で堅牢な作品とを比べてみると、現代の生活感覚にマッチするのは、むしろ民藝の方ではないだろうか。だからこそ、現在でも多くの一般雑誌が民藝を取り上げるのだろう。

それは、単なる反近代ではなく、近代の中に留まりながら、無闇な近代化によって失われつつあった伝統を、より高い次元で取り戻そうという、近代に対する近代による自己批判の実践だった。その際、民藝は、「民」という言葉に、西洋化と中央集権的な近代化へ向かって邁進する「官」への対抗の意味合いを込めた。今日、そのような時代背景を担った意味合いが十分に理解されているかどうかにかかわらず、民藝という言葉が一般雑誌を飾っているのは示唆的である。

2　物の位置——民藝と民具研究のすれ違い

民藝という言葉が形作られていった時代——それは、もう一つの近代化批判の学問運動である日本民俗学が形成されていく時代でもある。「民」という字をともに戴く二つの運動は、しかしながら、容易に交差することはなかった。柳宗悦と柳田國男は、生涯に一度だけ対談を行っているが、それ以降、交流の深まりは起きなかったのである。

一般的には、この対談の結果、民藝は「もの」を見る美的「規範学」であるのに対し、民俗学は「こと」を知る「記述学」であるとして、両者の違いが明確化され、それぞれが別の道を歩んでいることが（主に民藝側によってだが）確認されたと言われている（中見、二〇〇三、一五九頁）。つまり、同じ農村に赴いたとしても、民藝関係者は民家の台所用品、それも自分達が美しいと感じる物だけに注意を払うが、民俗学関係者はどちらかというと有形物よりも、形のない口頭伝承やそこに表された人々の心の方に関心を向ける。さらに、有形物に関心を向ける場合には、美しいかどうかで選別せず、人々の生活の営みを表す物として、全てを丸ごと把握しようとするのだと。

しかし笹原亮二によれば、対談を詳細に見れば、この違いは、言われるほど明確化されたわけではない（笹原、二〇〇五、二七九頁）。笹原はさらに、両者の違いが明確ではないことを現在の私達は前向きに受け取って、むしろ今後、「『民』に関わる文化の研究や運動としての、問題の共有や議論の交流の道筋を拓くことを目指すべきではないか」と提言している（笹原、二〇〇五、二九二頁）。

そのような民藝と民俗学の「問題の共有や議論の交流の道筋」を模索する上でヒントになりそうなのが、柳田民俗学と微妙な関係にある「民具研究」という領域である。その民具研究のパイオニア的「指揮者」だったのが、渋沢栄一の孫で財界人でもあった「常民文化研究のオルガナイザー」渋沢敬三である（宮本、二〇〇八、三四七、二二頁)。元々生物学に興味を持っていた渋沢は、生活文化を生態学的に丸ごと把握することを目指していた。どこにでも大量にある平凡な民具は、そのための格好の研究対象だった。

ただし、日本民俗学は創始者・柳田によって「こと」中心であるべきと性格付けられたため、「もの」に注目する民具研究は、民俗学の内部では、やや収まりの良くない位置を与えられてしまったように見える。渋沢と柳田二人の薫陶を受けた宮本常一によれば、「民俗学という学問は柳田国男先生が出て発展させた学問であるが、柳田先生は言葉に対して敏感な耳をもち、主として言葉の方から追求してゆかれたが、渋沢先生は言葉だけでなく物――民具もたいへん大事だと思われた」。概して言えば渋沢は「柳田の足らざるところを柳田の気づかないところで補うように努力した」(宮本、二〇〇八、三三六、八五頁)。

そのような民具研究は、普通の人々の日用品に注目するわけだから、民藝との共通性があるように思われるかも知れない。しかし、民具研究が民俗学と切っても切れない深い関係にある以上、民具研究と民藝の差は、注目対象が重なっているゆえにむしろ際立っている。生活と関わる物の世界を体系として客観的に理解しようとする民具研究の立場と、美しい物を選び出そうとする民藝の立場とは、ある意味で水と油の関係である。

例えば渋沢の精神を受け継ぐ宮本は次のように書いている。「民芸品と民具とは、見方の上でまったく違う。民芸品は、美的鑑賞の上からのみ取り上げているから民具研究のうえに役に立つことが少ない。美しいということであれば、美術品のほうがもっといいのであって、実用品として作られた物は、まずその目的がなんであり、使い勝手がどうなのかを見ていくのが基本であるはずであるのに、それを抜きにして、その美だけを問題にし、それが文化だと思っているのを見ると、これはもう処置なしという気がする」。「たとえば陶器を集めている人が、よくニセものをつかんで、これは何焼だなどと言っているが、それは骨董屋の集めたものだからであって、われわれの集め方は、民家へいってタダでもらってくるのであり、タダのものは本ものなのである」(宮本、二〇〇五、三四三、三四四頁)。このようなわけで、現在に至るまで民具研究と民藝との交流はあまりなかったと言わざるを得ない。

そのような状況の中で例外的に民具研究と民藝の両方に関心を持ち、さらには、両者の連続性を主張する社会学者がいた。日本の家族制度や村落社会の研究等で名高い有賀喜左衛門（一八九七―一九七九）である。有賀を媒介項とすることによって、民具と民藝との平行線関係はどのように見えてくるだろうか。

3　有賀喜左衛門――民俗学と社会学の架橋

今日、偉大な社会学者として知られる有賀は、最初から社会学を学んでいたのではない。彼は大学時代、美術史を専攻していた。ちょうどその時期、朝鮮で三・一独立運動が起きる。日本による弾圧を間接的ながらも批判する柳宗悦の文章を読んだ有賀は感銘を受け、柳のもとを訪れ、大きな影響を受ける。有賀は、指導教官が「他にもやるべき大事な研究対象が日本や中国にあるだろう」と反対するのを押し切ってまで、朝鮮の美術を研究テーマとして選んだ。一九二二年、有賀は卒業論文「新羅の佛教美術――慶州石窟庵を中心として」を提出する（有賀、二〇〇〇、一〇頁）。ちなみに、石窟庵について柳は、一九一九年に「石佛寺の彫刻に就いて」という賞賛の文章を記している（韓、二〇〇八、七一頁）。その後柳達は一九二四年に、元の朝鮮王宮内に「朝鮮民族美術館」を開いた。

後の民藝運動へと向かう胎動が始まろうとする時期に有賀は柳と遭遇したのである。したがって、後年の有賀が民藝に関心を持ったのは不思議ではない。しかし有賀自身は卒業論文の後、「自分は美しいものについて研究しているが、そのものを作り出す人々のことが何も分かっていない」と痛感するようになり、大学時代の友人・岡正雄の導きを受けて、柳田の民俗学へと接近していく。また一九二五年には、旧制高校で同級だった渋沢敬三の作った「アチック・ミューゼアム」の同人となる（中野、二〇〇〇、九〇頁）。渋沢家の屋根裏部屋から始まったこの個人博物館兼研究所が、後の民具研究の拠点となっていくのである。

さらに有賀は、民俗学の影響圏内に留まりながらも、実際の研究面では、社会学へと向かっていった。彼の考えでは、民俗学と社会学とは決して別物ではなく、分離せずに捉えるべきなのである。だが彼自身が敢えて民俗学から距離を置くようになったのは、柳田の視点すなわち、日本民俗学の主流の視点からはこぼれ落ちてしまいがちな社会の諸側面にアプローチしたかったからだと言う。例えば、社会の構造がそれである（有賀、二〇〇〇、一五頁）。人々の生活構造を知るためには、全てを丸ごと捉える「モノグラフィックな調査」が必要である。とすれば、民具もまた重要な調査対象である。しかし柳田は「モノグラフィックな調査」の意義をあまり理解しなかったと言う。そこで有賀は「独自の社会学への道」を進むことを選んだ（岩本、二〇〇〇、九〇、一二四頁）。

柳田の視野の中心から外れた対象に補完的に目を向けるという点では、渋沢と有賀は共通していた。ちなみに渋沢は、祖父栄一が亡くなり渋沢家を継いだ際、財界の先人であり近代数寄者でもあった馬越恭平から、「財界の中心に居てはいけない。いつも少し離れたところに居るべきだ。そうしないと渦の中に巻き込まれてしまう」という薫陶を受け、このいかにも数寄者的な教えを大事にしたと言う（宮本、二〇〇八、三八頁）。渋沢の柳田に対する立ち位置はまさにそうだったが、有賀の柳田に対する姿勢も同様だったのではないだろうか（北川、二〇〇〇、二三七頁）。

このように有賀は民俗学と社会学を架橋する立場にいた人物だったが、その彼が民俗学へ近づく前に民藝に注目していたのは、意外の感を与えるだろう。柳と柳田の対談を読む限り、「記述学」としての柳田民俗学は敢えて美を論じない立場を堅持しているように思えるからである。民具研究もまた明らかに民俗学の側に立つことは、既に見た通りである。したがって、民藝と民具研究（ひいては民俗学）の共通性を主張し続けた有賀は、自らが美術史専攻出身であることや柳との個人的な交流があったからとはいえ、かなり無理な議論をしているようにも見える。

だが実は柳田國男も、次節で紹介するような文章を残している。この文章を見る限り、柳との対談の表向きの結果にもかかわらず、柳田民俗学においても美の問題は必ずしも無縁ではなかったことが分かる。

4　柳田國男の風景論

柳田の風景論集とも言うべき『豆の葉と太陽』（一九四一年）に収められた「美しき村」（一九四〇年）という文章では初めに、山形県と秋田県の県境に位置する二つの村の風景が、互いの行き来などないはずなのに、あまりに似ているのに驚いたという経験を記している（柳田、一九九八、二四三頁）。この種の経験を重ねるにつれて柳田は、村の風景を美しくするのは何かという問いを心に温めていった。風景は確かに自然から成っている。しかしそれは永遠不変ではなく、人々の営みの如何によって変わってゆく。もちろん、だからと言って、旅人・柳田が賛嘆したような村の美しさは、村人達が美しくしようと意図してできあがったものではない。むしろ「広々した庭の上の子供の遊び」のような「素朴な一致」、上からの規制や意図的計画とは無縁の自生的な調和の産物なのである。一種類の樹木だけが同じくらいの背丈で亭々と聳え立っている村の鮮やかな風景、「誰が始めたとも無く全村一様に、真似でも流行でも無しに同じ植物がそちこちに茂っている光景」は、美意識とは無縁な生活の平凡な営みの中から自ずと生まれたはずである（柳田、一九九八、二四六、二五〇頁）。

逆に言えば、村を意図的に美しくしようという設計は、設計を立てないことよりも始末に悪い。たとえ風景の作者と言うべき人物がいたとしても、作者が率先してその設計を忘れてしまうようでなくては、村の風景はできあがらない。自分が住む東京の新住宅地を美しくしようとして、わざわざ花樹の苗木を取り寄せて近所に配ってまわったあげくに失敗したという柳田自らの経験を踏まえての話である（柳田、一九九八、二四九頁）。

風景は、純然たる天然自然ではなく、人の営みによって作られる。それは確かにそうであるが、最初から美しい風景を作ることを意図して、村人達が自然に働きかけたわけではない。例えば「秋田の海岸を特色づける物静かな森林は、もとは防砂の為であった」（柳田、一九九八、二五〇頁）。結局、「村を美しくする計画などというものは有り得ないので、或は良い村が自然と美しくなって行くのでは無いかとも思はれる」（柳田、一九九八、二五〇頁）。

柳田のこの文章を読んでいると図らずも、同時期に別人によって書かれた文章を思い出す。それは、柳宗悦と共に民藝運動を起こした陶芸家・河井寛次郎の文章である。『現在の日本民窯』（一九四二年）所収の「近江の信楽」において河井は、有名な陶郷の不思議について語っている。河井を驚かせたのは、それぞれ独立しているはずの陶家が、互いにそっくりな製品を作っていることである。別に意図的な約束があるわけでもなく、規制があるわけでもないにもかかわらず（竹中、一九九九、一三二頁）。それは「不思議を通り越して壮観である」。このような陶郷から生み出されるのが民藝の美である。村を訪れた二人の旅人、柳田國男と河井寛次郎は、図らずも同様の「素朴な一致」に感嘆し、同じような文章を物した。先に引用した柳田の「村を美しくする計画など……」という一節は、村という言葉を工芸という言葉に入れ替えれば、そのまま民藝を語る文と言えるほど、似ていないだろうか。

5　環境社会学へ

柳田の膨大な著作群の中ではかなり控えめな、この「美しい村」という文章に対して新たな眼差しを注ぐのが、環境社会学である。環境社会学と一口に言っても、立場は一様ではない。純粋な自然科学である生態学に依拠する立場、ハードな「エコロジー論」的立場が、世界的に見て最も有名だろう。しかし日本では、純然たる自然科学的発想とは一線を画する「生活環境主義」という立場が独自の光彩を放っている。その名の通り、人々の生活という側面を重視する環境論である。その代表者の一人である鳥越皓之が、柳田の「美しき村」に注目している（鳥越、二〇〇二、二六、九二頁）。鳥越が有賀喜左衛門の学問的系譜に連なるということは、この点で示唆的である（中野、二〇〇〇、一一二頁）。

もっとも柳田自身が明示的に環境論を書き記したわけではない。それにもかかわらず、柳田の著作群から環境論と呼べるような思考を再構成できると鳥越は言う。常民の生活が自然環境と不可分の関係にある以上、柳田民俗学の中に環境論的な要素があるのは当然なのである（鳥越、二〇〇二、八九頁）。それによれば、柳田の（潜在的な）環境論には三つの側面がある。

第一に自然観である。日本の常民は自然をどのように捉えてきたのか。柳田によれば「個々の自然的存在体は単に動物や植物という生命体と理解されているのではなく、そこにはなにやら霊魂の挙動のようなものを認めていた（鳥越、二〇〇二、一〇〇頁）。そしてこの霊魂は自分達の先祖に連なるのだから、自然との関わり方は自ずと、祖先の霊に対するかのような節度あるつき合い方にならざるを得ない。西洋に典型的とされる、自然を人間から切り離して対象化する関わり方とは質的に異なる。自然と人間は画然と分離されず、両者に通底して霊魂的な何かが活きている。その片鱗は柳田の『遠野物語』からも窺える。

このような自然観から意外なことに「自然の改変に対する明るい肯定性」が導き出される（鳥越、二〇〇二、九四、一〇二頁）。節度あるつき合い方をする以上、自然は少々の改変によっては決定的に損なわれないだろうから。自然は、人間の営みから隔離して保存すべき遠い存在ではない。人づき合いと同じように柔軟に、人と自然はつき合えるはずである。鳥越は、現代日本の環境問題に取り組む際、ハードなエコロジー論ではうまくいかず、かえってこのような自然観の方が「結構使える考え方」ではないかと考える（鳥越、二〇〇二、一四頁）。

ここから、第二の側面である風景論が出てくる。柳田民俗学が考える常民は、「そのままの自然」が一番望ましいとは必ずしも考えない。なぜなら、祖先の霊魂とのつき合いこそが重要なので、そのつき合いから切り離された「そのままの自然」の風景が最上とは限らないからである（鳥越、二〇〇二、一〇五頁）。そこで、「人間が関与してはじめて自然は美しくなる」という考え方が導き出されてくる（鳥越、二〇〇二、一〇八頁）。先述の「美しき村」にはその考え方が反映されていると言えるだろう。

このような自然観・風景観を踏まえると、「広い意味での政策科学」としての柳田民俗学は当時の日本の森林政策を批判しなければならないはずである（鳥越、二〇〇二、一一〇頁）。これが第三の側面である。ところが現実には、柳田による森林政策批判はまとまった形では展開されなかった。そこには、政策批判をあからさまに展開した南方熊楠とは対照的な、深謀遠慮を旨とする柳田の「意図的差し控え」の問題があると言う（鳥越、二〇〇二、一〇九頁）。そこで鳥越が「周辺資料から柳田の論理を模索し、最低限、推測できる」範囲で取り上げるのが、台湾総統府の森林政策をめぐる論である（鳥越、二〇〇二、一一〇、一一三頁）。日本によって植民地化された台湾では一九一五年に「山林のほとんどを官有林として奪われ、生活の基盤を失った台湾の山地住民と呼応した抗日運動が起こした」西来庵事件があったが、柳田はその原因が「総督府による林野の収奪とその日本人に対する払い下げ」にあると考えていた（鳥越、二〇〇二、一一四頁）。しかし柳田は、「意図的差し控え」の戦略を取って、この批判を文章の形で明らかにすることはなかった。にもかかわらず、これは柳田の（潜在的な）環境社会学的視点からの当然の帰結だった。

6　自然と建築との調和

翻って考えると、光化門取り壊し案に対する柳宗悦の抗議も潜在的には、景観保存という環境社会学的主張として読めないだろうか。柳の文章は確かに現在、評価するにせよ限界を指摘するにせよ、植民地政策に対する批判として読まれる場合が多い。しかし民藝を民俗学そして環境社会学へ接続してみると、別様の読み方も可能なように思われる。

一九二〇年に柳達が朝鮮を旅行した際の紀行文「彼の朝鮮行」（一九二〇年）の中で柳は次のように記している。「地図が示す様に京城の市街は明かにその自然を背景として計画された都であった、……何人も気づく様に此景福宮の建立が絶えず自然を省みて、その礎を置くのに正しい場合を選んだと云う事を、注意しないわけにはゆかぬ。……然し乍ら彼等も亦、その建築によって自然を更に飾る事を忘れはしなかった。自然によって都は守られ、都によって自然は飾られたのである」（柳、一九八一、六〇、六一頁）。「是等は李朝末期の作であって、遠く新羅や高麗の作に劣るとは云うが、然し東洋芸術のすたれてゆく今日、実に吾々に残された貴重な建築と云はねばならぬ。……然るに何事であるか、自然を深く考慮し、その排置に周到の注意を払い、民力の限りをさえ尽して築造されたその計画が、正に滅亡の嘆きを見ようとしているのである。今日光化門と勤政殿との間に実に尨大な西洋建築が総督府の手によって建ちつつある。然も位置はやや西側に片寄って、旧時の秩序を少しでも、省みる事がない」（柳、一九八一、六二、六三頁）。「人はもう二度と此都に企てられた自然と建築との調和を見る事が出来ぬ。今は只かの古い地図ばかりが、旧時の俤を人々の詩情に贈っている。地図こそはかかる処置が果して正しいか否かの審判を、未来の人々に告げるであろう」（柳、一九八一、六三頁）。

「何たる無謀の計画で之があろう。やがて之が正殿を毀し、光化門を棄てる前徴でないと誰が保証し得よう」と柳は書いた（柳、一九八一、六三頁）、その二年後、前兆は現実となった。その際に発表されたのが、「失はれんとする一朝鮮建築の為に」（一九二二年）である。これは、解体の槌音が近づく切迫した気分のもとで、擬人化された光化門に呼びかける、哀悼と怒りが交錯する文章であり、建築自体に焦点が絞られている。そのため、「彼の朝鮮行」よりも、建築の周りに広がる環境についての言及は少ないが、それでもなお、光化門が「二重の美しさ」すなわち「自然は建築を守り、建築は自然を飾っている」ことに由来する「有機的関係」を持つことを称賛している（柳、一九八一、一五〇頁）。危機に瀕しているのは建築だけでなく、自然との有機的関係なのである。柳にとって「自然」という言葉は思想面で重要な意味を担っていた(韓、二〇〇八、二六五頁)。新しい総督府の建築のために王宮門が破壊されようとしているが、実は総督府こそ自然と調和した本来の景観を破壊している。柳のこの主張は現代の環境社会学へ接続しうるのではないだろうか。

ちなみに、光化門を撤去する理由の一部は、それが朝鮮王朝時代末期の建築であり、五〇年ほど前に造られ、それほど古くないという点にもあったようだが、柳はそのような考え方を厳しく退けているのも印象的である。なぜなら、環境社会学的な景観・建築保護の主張の中にも、同様の観点が見受けられるからだ。建築でも景観でも、古い物は比較的大事にされるのに、古くない物は環境的価値を不当に低く見られてしまう傾向がある。環境社会学はそのような価値観に対して異議を申し立てる。さらに、移築すれば良いのではという一見もっともらしい案に対しても、柳は批判を投げかける。「光化門は景福宮の門であって何処の門でもあらぬ。あの位置とあの背景と、あの左右の壁とを除いて、門にどれだけの生命があるであろう。……特に自然と建築との調和を慮った古人の注意を無視して、それが如何なる意義を保つであろう」と(柳、一九八一、一五二頁)。この発想法も現代においてこそよく理解されるだろう。光化門問題とは柳にとって、政治・文化・環境がないまぜとなった葛藤の場だったのではないだろうか。

7　つき合い方の新しい風景

このように見てくると、柳宗悦達による民藝の思想と実践は、物をめぐる二つの研究姿勢すなわち、民具研究と環境社会学を結びつける、柳田とは別のもう一つの接点であるように思われる。だが他方、柳田や柳の時代とは異なる現代なりの問題設定も考慮に入れなければならないだろう。

柳が光化門解体計画に対して擬人法を用いて悲憤慷慨した際、彼は建築物の背後に、それを造った職人達の姿を幻視していた（竹中、一九九九、一〇二、一三一頁）。同じように、有賀は民具の背後に、その作り手と使い手の姿を見ていたと言える。だが吉田憲司は、現在に至る民具研究史を振り返りながら、残念ながら民具が「外部との接触をもたず、それ自体で完結し、閉じた社会を代表する『標本』」となってしまったと指摘している（吉田、二〇〇五、二一六頁）。

有賀は、物を自ら作る人々の創造性に注目し、民具というありふれた物に光を当てた。しかしその視点には、自給的な「閉じた社会」のイメージがつきまとっていた。結果的に、使うという局面でも、作り手自らが使い手であるような自給的な使い方に視野を限定していた。ところが一九七〇年代、晩年の有賀は、それまで使っていた「文化」という用語を補完する形で、「文明」という言葉を新たに導入し、使うことにおける別種の創造性に注目し始める。有賀の言う「文明」とは、文化のうち、他の文化圏にも移転可能な要素のことである。このような発想の背後には、本来、硯として作られた物を灰皿に転用するという事例が念頭にあったようである（竹中、一九九九、一一一、一一二頁）。そのような転用は、敗戦後日本のアメリカ進駐軍兵士が日本の工芸に対して行っただけでなく、昔から日本人が朝鮮王朝時代の工芸に対して行ってきたことでもある。

実は転用こそ、民藝における物とのつき合い方のかなめである。例えば柳が賞賛した本郷焼（福島県）の鰊鉢は現代生活において、本来の用途である鰊の保存に用いられることは稀だろう。民藝にとって鰊鉢は最初から転用を前提としている。茶の湯における大名物の茶碗、銘「喜左衛門井戸」を柳が絶賛する際に重要なのは、それが日常雑器から茶道具へと転用されたという点なのである（竹中、一九九九、一八六頁）。

このような転用は、確かに柳達の時代においては、一部の知識人や趣味人の世界に限られていて、一般庶民とはあまり縁がなかっただろう。しかし社会の変遷と共に、当時の先端的な知識層の生活様式は今日の多くの人々にとって必ずしも無縁ではなくなっている。その意味で、柳達がやろうとしたことは、今日においてこそ理解しやすくなった。もっとも、その分だけ、当時の本来の意味合いが理解しにくくなったのかも知れない。珈琲や紅茶を磁器ではなく陶器のカップで飲むというのは実はかなり変わった習慣なのである。

有賀は晩年の講話の中で、当時の自らの文化論の中に「柳宗悦のもっているある部分」がどうしても入っていると思うと述べている（有賀、二〇〇〇、三七頁）。だが、有賀によるこのユニークな「文明」概念は、十分展開されることなく終わった。

しかし、生活文化をまるごと捉えようという有賀社会学の基本姿勢は重要である。民具に関してこの基本姿勢を貫こうとすれば、作られ、使われ、さらに転用された後には、捨てられることまで射程に入れなくてはならないはずだ。「生活の中で用いられる物は、さまざまな素材を整えて、人の手や機械で作り出され、使用され、そして廃棄されていく」（吉田、二〇〇五、二一五頁）。柳や有賀の時代においては、藁で作られた自給性の民具が使い捨てられるのは大して問題ではなかったろうが、「閉じた社会」ではない今日においては、物が使われた後の行方は、環境社会学的に考え直す必要がある。

この流れを踏まえた上で今後私達は、物を使い終わった後にどうするかについての人々の創造性をも問題にしていくべきだろう。この点について、現代の民具研究に連なる人々も目を向けようとしつつある（近藤、二〇〇二、二九頁、岡本、二〇〇二、三〇二頁）。また、民具を現代的に捉え直す動きと並行して、民藝を現代的に捉え直そうとする動きもある。例えば、「民芸運動のローカリティとグローバリティ」「ディスカバージャパンと民芸なるもの」「現在の民芸・これからの民芸」等のテーマを扱った民藝解説書も登場している（濱田ほか、二〇〇七）。

以上のような様々な視点が導入されることで、有賀が終生主張した、民俗学・民具研究と民藝との連続の可能性は新たな形で蘇ってくる。民藝・民具研究・民俗学・環境社会学の交差点で人と物とのつき合い方を考え直す時、民藝と民俗学の間に最初に設定された、美の規範学と事実の記述学という対立構図は次第に解消していき、むしろ現代的な共通課題——人と物と環境との関係——が浮かび上がってくるのではないだろうか。

参考文献

有賀喜左衛門（二〇〇〇）「有賀喜左衛門先生最後の講話」北川隆吉編『有賀喜左衛門研究――社会学の思想・理論・方法』東信堂所収

岩本由輝（二〇〇〇）「有賀喜左衛門と柳田国男」北川隆吉編『有賀喜左衛門研究――社会学の思想・理論・方法』東信堂所収

岡本信也（二〇〇二）「日常生活用品への視点」香月洋一郎・野本寛一編著『講座日本の民俗学9　民具と民俗』雄山閣所収

北川隆吉司会（二〇〇〇）「総括討論」北川隆吉編『有賀喜左衛門研究――社会学の思想・理論・方法』東信堂所収

近藤雅樹（二〇〇二）「Ｉ民具研究の視点　1民具の定義とイメージ」香月洋一郎・野本寛一編著『講座日本の民俗学9　民具と民俗』雄山閣所収

笹原亮二（二〇〇五）「用と美――柳田国男の民俗学と柳宗悦の民藝を巡って」熊倉功夫・吉田憲司共編『柳宗悦と民藝運動』思文閣出版所収

竹中均（一九九九）『柳宗悦・民藝・社会理論――カルチュラル・スタディーズの試み』明石書店

鳥越皓之（二〇〇二）『柳田民俗学のフィロソフィー』東京大学出版会

中見真理（二〇〇三）『柳　宗悦――時代と思想』東京大学出版会

中野卓（二〇〇〇）「有賀先生の生涯と社会学」北川隆吉編『有賀喜左衛門研究――社会学の思想・理論・方法』東信堂所収

濱田琢司・福田里香ほか監修（二〇〇七）『あたらしい教科書Ⅱ　民芸』プチグラパブリッシング

韓永大（二〇〇八）『柳宗悦と朝鮮――自由と芸術への献身』明石書店

宮本常一（二〇〇五）「民具論」『宮本常一著作集45　民具学試論』未来社所収

宮本常一（二〇〇八）『宮本常一著作集50　渋沢敬三』未来社

柳宗悦（一九八一）『柳宗悦全集　著作篇　第六巻』筑摩書房

柳田國男（一九九八）『柳田國男全集　第十二巻』筑摩書房

吉田憲司（二〇〇五）「民具と民藝・再考――展示への視座が分けたもの」熊倉功夫・吉田憲司共編『柳宗悦と民藝運動』思文閣出版所収

第2章 「作ること」「使うこと」からその先へ

——物をめぐる柳宗悦思想の可能性

1 民藝と無の思想

民藝運動の創始者として知られる柳宗悦の著作は、書店のどのコーナーで探せば見つかるだろうか。大抵の場合、美術工芸コーナーであろう。しかし考えてみれば、柳宗悦研究は、美術工芸専門家だけに限らず、幅広いジャンルの人々の手で展開されてきた。そもそも柳の思想と実践は、工芸の範囲内に収まりきれるのだろうか。柳は、最初から工芸の人だったのではなく、むしろ宗教思想と哲学の人であり、若き柳の文章の主調は、二元論批判だった。美術工芸以外の者まで惹きつけられる民藝の魅力には今なお、美術工芸の棚を超えて開花する可能性が残されているのではないだろうか。

民藝以前の柳による宗教哲学論のエッセンスは、一九一七年に執筆された論文「宗教的『無』」に集約される（柳宗玄、一九八一、五四三頁）。「宗教的『無』」は一九一九年刊の最初の宗教哲学論集『宗教とその真理』の冒頭を飾っており、所収の諸論文と同様に、否定概念をめぐって「『無』の理論」が展開されている。

神秘主義に強い関心を抱いていた柳は当初、キリスト教を中心とする「神秘道」についての体系的著作を上梓するつもりだった。だが、彼自身の思索の深まりがその出版を躊躇させ、代わりに、必ずしも体系的ではない論文集の刊行に至ったと言う。それが『宗教とその真理』である。躊躇の引き金となったのは、「東洋思想」との出会いだった。神秘主義の故郷とも言うべき「東洋思想」へ帰る必要を感じ、仏教の研究に熱中するようになったのである（中見、二〇〇三、九五頁）。

この論集の主題は宗教的真理である。「科学的真理」が「either or」の世界に留まるのに対して、「究竟の真理」としての「宗教的真理」は「neither nor の無限の連続」である。この場合の否定は、肯定の対辞としての相対的否定ではなく、「相対からの離脱」としての否定であり、これこそ「神秘道」に至る関門である。柳は「否定道」を辿ることで、「神秘道の諸相」を描き出していく（柳宗悦、一九八一、八、一二頁）。無や否定と言うと、東洋特有の思想だと考えてしまいがちだが、キリスト教やイスラム教でも、真に深い信仰者は否定道を通ってきた。例えばマイスター・エックハルトが一例である。ただ、それが西洋では不当に軽視されてきたため、この道が東洋特有に見えるに過ぎない（柳宗悦、一九八一、四七頁）。

日本はそもそも無の教えの故郷の一つだったが、柳の時代になると日本人は無の教えを「消極的否定的」な思想として不当に貶めるようになっていた。もちろん宗教哲学研究者は無の教えに関心を持っていたが、その関心はあくまで学問的だ。それに対して柳は、生き生きとした〈今、ここ〉の問題として、無に取り組もうとする。それは傍目には風変わりな企てに見えるだろうが、人が誰しも生まれ故郷を慕うように、無の問題に親しむことは「心の故郷」への里帰りなのである。そこには今なお「神秘な思想の泉」が湧きだしている（柳宗悦、一九八一、一四頁）。

別の論文「『無為』に就て」では、老子の無為から説き起こされ、さらに、十字架の聖ヨハネやマイスター・エックハルトの信仰も実は無為につながると主張している（柳宗悦、一九八一、二七、二九頁）。ここから窺われるように、若き柳はエックハルト達の神秘主義に心惹かれていた。彼がウィリアム・ブレイクに魅了されたのもこれと軌を一にする。

ところが、ほぼ同時代にスイスで独自の「分析心理学」を打ち立てた精神医学者C・G・ユングも、これらの人物に共感を抱いていた。ユングは基本的に西洋の立場に立ちながら、東洋と西洋に通底する何かをめぐる探究に邁進したが、エックハルトやブレイクがその琴線に触れたのである。他方で柳は、逆の方向から同じ山頂を目指していた。

2　因果性と共時性

東洋や神秘主義に対するユングの関心から生まれたのが、一九四〇年代以降に公にされた「共時性」概念である。ユングは、東洋の易の実践の中にその典型例を見出した。ただし、この概念は一九四〇年代に突然生まれたわけではなく、一九二〇年代に既に構想されていた（河合、一九八七、一九九頁）。「共時性」は、ユングの様々な発想のうちでも最も理解されにくい概念であり、自然科学的な因果性とは水と油の関係にあると思われている。その判断は一面では正しいとしても、共時性は必ずしも因果性を否定しているわけではないと、河合隼雄は言う。因果性においては、原因と想定される現象Aと、結果と想定される現象Bの二者関係が問題となっているが、共時性においては、原因と結果の二者関係に加えて、それらを観察し『意味』を感じる主体の存在」が重要になってくる（河合、一九八七、一九二頁）。現象Cと現象Dがそれぞれ別の因果関係に基づいて生起したとしよう。その意味では確かに、CとDは無関係である。しかし肝心なのは、主体がCとDの間に、偶然を超えた深い意味を読み取ってしまうということである。

だが、深い意味を感じ取るからといって、CとDとをそれぞれ生起させた二つの別個の因果性の存在を否定することには必ずしもならない。共時性という考え方は、CとDの二者関係ではなく、CとDと主体の三者関係を問題にする。このような共時性は、因果律に対して〈あれかこれか〉の排他的関係にはない。したがって、すれ違う形ではあるが、因果律と両立しうる。「この世の現象は、因果律と共時性と、二つの見方で見られるのであるが、そのような見方によって、われわれが何を得るかが問題」なのである（河合、一九八七、一九二頁）。

共時性という考え方は、CとDとの間に無理矢理に関係をでっち上げるのではない。そうではなく、Cが原因となってDが生じたに違いないという間違った因果性、すなわち「魔術的因果性」を想定してしまう危険性を何とか排除しようとする立場である。科学的因果性だけを絶対視してしまうと、それ以外の関係の可能性を予め排除することになる。すると、科学的因果性で説明できない事象に直面した際に、怪しげで間違った因果性による説明を短絡的に受け入れてしまいかねない危うさが生じる。共時性の主張は、魔術的因果性の安易な蔓延を防ぐ防波堤の役割を果たそうとしている（河合、一九八七、一九四頁）。「因果的思考のみに頼っていると、まったく解決不能と思えるようなことでも、共時的事象の存在を前提とすることによって、そこに何らかの希望を見出せる」（河合、一九八七、二〇三頁）。合理的に説明できない出来事を前にしても人は必ずしも絶望する必要はない。共時性概念は、「宗教的伝統と神話の基礎となる『奇跡的』出来事に対する重要な糸口」となりうるのである（プロゴフ、一九八七、一二二頁）。

3　日常即奇蹟

若き柳もまた「奇跡的」出来事に関心を寄せていた。『宗教とその真理』に続き一九二一年に刊行された論集『宗教的奇蹟』がその成果である。柳によれば、奇蹟は常に二つの敵と戦わねばならない。一つは、理屈抜きの頑なな肯定であり、もう一つは、理知的で「理解のない批判」である。柳が目指すのは、どちらでもない「奇蹟への新しい理解」である。「今日吾々が執るべき態度は、批評眼を失はず、然も信仰を篤く保有する事にあらねばならぬ」（柳宗悦、一九八一、三八九頁）。このような柳の姿勢は、ほぼ同時代に共時性概念を構想しつつあったユングの姿勢と相通じる。

柳によれば、奇蹟に対する根本的誤解は、奇蹟が自然科学の対象になりうると考える点にある。しかしそれは前提それ自体が間違っている。「丁度科学が藝術の美を解く事も又疑ふ事も出来ない様に、科学は奇蹟を肯定する事も否定する事も出来ない」。「実に奇蹟は科学の対象たり得ない故に、科学に矛盾する何者でもあり得ない」。したがって奇蹟は、科学的真理としてではなく、宗教的真理として味わわなくてはならない。そして「宗教的真理とは概念による真理ではなく、直観による真理である」（柳宗悦、一九八一、四二二―四二五頁）。

前著『宗教とその真理』における「無」の理論を援用すれば、奇蹟は次のように捉えられる。奇蹟を批判する人は、「奇蹟は自然に反する」と言うが、奇蹟は自然に反しないし、かといって奇蹟が自然だというわけでもない。奇蹟は「自然でもなく反自然でもない」（柳宗悦、一九八一、四三六頁）。自然が肯定だとすれば、奇蹟は単なる否定ではなく、「相対からの離脱」としての否定なのである。「無は有に対する無ではなく、有に即する無である」（柳宗悦、一九八一、四四四頁）。

だとすれば、実証的証拠によって奇蹟の正否を論じることはそもそも意味がない。「奇蹟を未だ知らない自然の原因によると見るが如きは、全く意味を持たぬ見解に過ぎぬ。因果律は相対的現象界に於てのみ適応し得るのであって、絶対にはあてはめ得る因果の関係がない。それはある後件の原因でもなく又ある前件の結果でもない」（柳宗悦、一九八一、四七五頁）。柳のこのような奇蹟観は、共時性によって「魔術的因果性」を批判したユングの姿勢と似通っている。

以前の柳は、心霊現象を自然科学的に研究しようとする同時代西洋の試み、超心理学に関心を抱いていた。エックス線の発見等によって、この試みが有望であるかのような過剰な期待が高まった時期があった。だがそれは有意義な成果を上げられずに行き詰まった。そこで柳は、上記の新しい奇蹟観によって、自然科学的心霊研究の地平から脱却していく。肯定と否定の相対的対辞の埒外に立つことで、奇蹟を平凡な日常生活から超越したどこかに求めるのではなく、日常のただ中に奇蹟を求める眼差しが導き出された。すなわち、日常即奇蹟である。

4　宗教哲学から民藝へ

『宗教とその真理』の序文で柳は、自らの転機到来を予感し、自らが今後進むべき道は「純に思索し得たものを一層切実な生活に活かす」ことにあると述べている（柳宗悦、一九八一、八頁）。この時期既に「朝鮮の藝術への傾倒」は始まっていた（水尾、一九八一、五四八頁）。『宗教とその真理』の刊行から三か月後の一九一九年五月、柳は『読売新聞』に「朝鮮人を想う」を発表する。

宗教哲学から民藝へと、柳の中で思想のバトンは渡されつつあった。実際、今まで紹介した柳の宗教哲学論は、後の民藝思想を先取りしている面がある。例えば、「無即有」の定式の各項に、用と美（用の否定としての美）を代入すれば、用とは即ち用の否定であり、そこから民藝のスローガン「用即美」が導き出される。また、日常が即ち奇蹟であることは、「無名の工人」達の手仕事が端的に示している。「無作為」の美は、ユングの共時性概念にも似て、工人の意識的因果性や意志の埒外から湧き起こる。頭ではなく手が美を生み出すのだ。そこにこそ、洋の東西を超えた美の真の「故郷」がある。易の実践にユングが惹きつけられたように、柳は工人が生み出す無作為の美に魅了された。ユングが「集合的無意識」を見出したのに対して、柳は「無名の工人」を見出したのである。

5　環境という物の世界

以上のように柳の初期思想を概観してみると、それは工芸美の範囲には収まらない。柳はそもそも美術や工芸から出発した人ではなかった。その成果が工芸界に対して影響大だったために、事後的に彼の思想は工芸の筋道で理解されたが、柳という思想家への理解を一つの領域にだけ閉じ込めておくことはむしろ、初期の柳がなぜ宗教思想という助走を必要としたのかを見えにくくしてしまう。では、工芸美という枠組みを外した上で、柳の思想には現代日本においてどのような展開可能性があるだろうか。私見によれば、環境社会学とりわけ、「生活環境主義」という日本独自の発展を遂げつつあるアプローチとの接合が、一つの可能性である。

環境社会学と民藝は、確かに文脈は違うが、物の世界と深く関わる点で共通している。若き柳が、宗教哲学の高邁な探求から逸脱して、焼き物のような物の世俗的世界に惹きつけられていくさまを見て、まわりの人々は心配したと言われる。だが、そこに新しい思想が誕生する契機があった。

環境社会学は社会学の中でも比較的新しいジャンルである。環境は長らく社会学の重要な研究対象とは思われなかったためである。社会学は人と人との関係、人と社会の関係を論じるのであって、環境は舞台装置に過ぎない。それは確かに必要ではあるが、さほどの重要性は認められてこなかった。だが近年、環境破壊という目前の危機をきっかけに、社会性の舞台装置である環境に対して真剣な眼差しが注がれ始めた。普段は当たり前すぎて意識されないが、一旦失われ始めると意識せざるを得ない何か。それが環境である。

環境社会学にとっては、自然環境だけでなく、歴史的景観や音響環境も重要な研究対象である。さらに歴史的景観と言っても、必ずしも希少で有名である必要はない。危機に至るまで誰も気にとめなかった平凡な風景も人々の営みとの関わりで形作られてきた以上、歴史的環境と言える。音響環境の場合も同様で、せせらぎの音・風の渡る音・静寂もそうである。普段は気にもとめないが、失われて初めてその存在に気づくことになる。

環境が危機に瀕した時、どうすべきか。まず思いつくのは保存である。自然環境の危機は人間の営みによって引き起こされたのだから、貴重な自然を人間から引き離せば良いではないか。だが他方、自然を純粋に隔離する試みは本当に現実的なのかという疑いの気持ちも起きる。都市住民はともかく、多くの人々が自然との関わりの中で生活している以上、自然を人々から隔離保護しては、人々の生活が破壊されてしまうのではないか。人々の生活を取るか、さもなければ自然環境を取るか。二者択一の発想法では取りこぼされてしまう大切な何かがある。その点に注目してきたのが、日本で独自の展開を遂げた「生活環境主義」である。

6　生活・環境・保護

アメリカ合衆国で優勢なエコロジー論的な発想では、自然を囲い込んで立ち入り禁止にすることによって保護は実現される。しかし、この方式は世界中どこでも妥当なわけではない。むしろアメリカ合衆国自体が、その成り立ちから言って特殊だという歴史を忘れてはいけない。世界の自然の多くはむしろ人為と関わってきた長い歴史を持っていて、厳密な意味での原生的自然は意外と少ないのである（宮内、二〇〇一、二六頁）。例えば、琵琶湖を原生的自然であるかのように隔離し保護しようとすれば結果的に、琵琶湖と共に生きてきた人々の生活は破壊されるだろう。ここでは、〈環境か生活か〉の二元論では事はうまく運ばない。〈環境も生活も〉、別の言い方をすれば〈環境でもなく生活でもなく〉という立場が現実的なのである。琵琶湖という自然は超歴史的存在ではなく、人間と共に紡ぎ出された歴史を持つのだから。

このような観点は歴史的環境や景観についても当てはまる。人々の生活から切り離された歴史的環境は、動物園で飼われる動物や、博物館に収蔵された茶道具と似ている。確かに厳密な保存が必要な場合もあるが、人々の生活からの切り離しは最良の選択ではない。

近代日本において危機に瀕した歴史的環境に対して、歴史上何度か対策が講じられてきた。例えば、明治維新後に起こった廃仏毀釈の猛威に対して、一八七一年に古器旧物保存方が制定された。さらに一八九七年には古社寺保存法、一九二九年には国宝保存法、戦後の一九五〇年には文化財保護法が制定された（片桐、二〇〇〇、七頁）。

その一方、比較的最近になってから、文化財保護法とは異なる視点が環境社会学から提案された（鳥越、一九九七、二五六頁）。文化財保護法は社寺等、由緒ある伝統建築を主な対象とするので、近代建築は視野に入りにくい。しかし、生活資源としての環境という視点に立てば、レンガ造り建築や水道橋のような産業設備も、古社寺と同様に重要なはずである。そこで、文化財保護法等の網の目にかかりにくい環境に対して、環境社会学は目を向ける。

景観問題がその典型である（堀川、二〇〇一、一六一頁）。景観を守るための法律には二つの系譜がある。都市計画法と文化財保護法である。前者は土地を資産として運用する開発促進型であるために、生活空間の保護には向いていない。それに対して後者は一九七五年に伝統的建造物群保存地区制度が加わることで、希少な点としての文化財だけではなく、面や空間としての環境を保護する柔軟性も兼ね備えるようになってきた。しかしそれでもなお、ごく平凡な町並みや景観が伝建地区に選ばれるのは難しい。普通の景観は普通ゆえに二つの法の狭間に置かれ、見逃されてしまう。それゆえ、開発計画が持ち上がった際に、万人に理解しやすい保護の根拠を示しにくい。「普通であること」の価値について新たな観点が必要なのである。

7　先駆としての柳田民俗学

このように、環境社会学とりわけ生活環境主義は、今までの学問や政策がとりこぼしてきた「普通」の領域に新たな光を当てた。その意味では、都市化の進展と環境問題のグローバル化を前提とする現代ならではの思想である。しかし、過去にこのような発想の先駆がなかったわけではない。その遠い原型は、柳田國男の一九二〇、三〇年代の思考の中に見出せる（鳥越、二〇〇二、二六、九三、九四頁）。柳田は近代化に対して批判的だったが、だからと言って、古いものをひたすら保存せよと主張したわけではない。景観論集『豆の葉と太陽』

（一九四一年刊）所収の一文「美しき村」で柳田はこう記している。「村を美しくする計画などというものは有り得ないので、或は良い村が自然に美しくなって行くのでは無いかとも思われる」（柳田、一九九八、二五〇頁）。一つの村で、誰が始めたわけでもなく、門のところに同じ樹が植えられていく。おそらくそれは、土地の縄張りを示すためという殺風景な理由から始められたのだが、何百年と経つうちに立派な並木となり、美しい風景として旅人の目を楽しませるようになった。その樹木は自然な植生ではなく人為的に植えられたが、美を目的としたわけでもない。しかしそこには、実用性に基づいて作られた自然が生み出す華やぎがある。「秋田の海岸を特色づける物静かな森林は、もとは防砂の為であつた」（柳田、一九九八、二五〇頁）。厳密にエコロジー的な観点からすれば、このような自然は守るに値しないかも知れないが、柳田はそれが「美しき村」を形作っていると言う。もちろん彼は単に人間が自然に介入すべきと主張したのではなく、地方が「中央の美観に追随」して、本来持っていた美しさを失ってしまう状況を批判していたのである（鳥越、一九九四、一二三頁）。

生活環境主義の立場に立つ鳥越皓之は、柳田のこのような自然観を「結構使える考え方」として肯定する（鳥越、二〇〇二、二五頁）。日本のような人口密集地域においては、自然と人間との間には絶対的な二元論が成り立ちにくく、無理に二元論的に振る舞おうとすると、たとえそれが自然保護という正しい目的のために行われたとしても、結果的に人間と自然の共存バランスを壊してしまうこともあるのだから。

柳田の言う常民とは、自然を支配するのでも、自然に屈服するのでもなく、生活の営みの一環として自然を生きる人々である。柳田の時代はまだ環境問題が今のように全面化していなかったので、彼の視点の適切さがあまり理解されなかった。だが現代こそ、その自然観が生活環境主義の先駆として理解されるべきだ。そこには、『自然』概念の革新」がある（佐藤、一九九二、一八九頁）。

柳田民俗学を環境社会学へと結びつける試みは始まったばかりだが、その遅れには理由があるように思われる。柳田民俗学の中心は「心意現象」にあるという正統的理解からすれば、物との関わりは二次的問題に過ぎない。人と人との関わりこそ重要だと考えれば、物を研究対象とする民具研究は、柳田民俗学に対して微妙な立ち位置を取らざるを得なかった。

さらに民具研究自体、民藝運動とライバル関係にあった。村の生活の中で使われていた同じ物が、ある場合には民具研究の対象、別の場合には民藝運動の対象ともなった。結果的に両者は今なおすれ違いの関係にあると言わざるを得ない（竹中、二〇〇三、二一七頁）。また、柳田と柳は一度、対談を行ったものの、二人の関係ひいては民俗学と民藝との関係はぎくしゃくしたままに終わった。単純化して言えば、民俗学が客観的な記述学を目指すのに対して、民藝は実践的な規範学を目指しているために、必然的にすれ違わざるを得ないことを二人は確認したのである。

だが、それにもかかわらず、生活環境主義の先駆という視点から民俗学と民藝を捉え直すと、一つの共通主題が浮かび上がる。それが二元論批判である。柳田の常民も、柳の無名の工人も、西洋近代的な二元論的思考からの離陸を模索するための概念ではなかったろうか。とすれば、民藝・民俗学・民具研究の間のぎくしゃくした関係という過去を越えて先へ進む可能性の一つとして、民藝を生活環境主義に接合する試みは必ずしも無駄ではないように思う。

8　民藝と生活環境主義の出会い

民藝と生活環境主義を重ね合わせてみると、そこから何が見えるだろうか。一つ言えるのは、生活環境主義が今取り組んでいるのと似た問題に、半世紀以上前の民藝運動は直面していたということである。その意味で生活環境主義は、他山の石として民藝から学べる点があるのかも知れない。

生活環境主義がハードなエコロジーとは異なる立場を主張するのは、ハードなエコロジーがあまりに強い二項対立を前提にしているからである。開発か自然保護か、人間か自然かという対立構図を自明の前提としない柔軟さが、生活環境主義の眼目である。そもそも生活は、二項対立に収まりきれないのだから。敢えて言えば生活環境主義が想定する世界は、因果性ではなく共時性に従っている。

民藝もまた、二項対立に収まりきれない世界を追い求めてきた。柳が直観によって見出した日用品としての工芸の美は、近代美学が前提とするような、純粋芸術と応用芸術の二元論によっては適切に捉えられない。無理に二元論を当てはめれば、民藝は応用芸術の方へ収まるが、それは純粋芸術に比べて劣った位置しか与えないことを意味する。しかし柳はそのような価値観を批判する。とは言っても、民藝も純粋芸術と同程度の美だから格上げすべしと言うわけではない。

民藝が指し示すのは、純粋芸術と応用芸術の二元論を超える次元であり、意識的な因果性によってではなく、偶然にも思える共時性によって生み出される美なのである。言い換えれば、〈用か美か〉という二者択一ではなく、〈用も美も〉あるいは〈用でも美でもない〉世界である。用の美と言うとつい、機能美のことを考えがちである。もちろんそういう一面もあるが、機能美だけならば必ずしも無名の工人の専売特許ではない。無名の工人による用の美という主張は、二元論批判の文脈で把握されて初めて首尾一貫する。

さらに民藝は、伝統・対・近代という二元論の枠内にも留まらない。ちょうど生活環境主義が、近代化や開発に対し懐疑的でありつつ、古い伝統の墨守や現状維持に対しても批判的であるのと同様に。生活は、伝統と近代の二元論でできあがってはいない。民藝運動の目的は、昔ながらの伝統を守るというよりは、今現在、経済的な苦境にある地方工芸の担い手達が、未来に向けて生き生きと生業を営めるようにすることにある。民藝の献身的な担い手の少なくとも一部は、陶芸作りの由緒ある伝統とは無縁だった新規参入の若者達だった。生活を豊かに営むためには、日本の前近代にはなかったコーヒーカップを作っても良いのである。

若き柳は宗教哲学論において、科学的真理が「either or」の世界に留まるのに対して、宗教的真理は「neither

norの無限の連続」であり、その際の否定は単なる否定ではなく、「相対からの離脱」としての否定であると主張した。そのような真に豊かな否定が、生活としての工芸に具現化され得ることに柳は気づいたのである。

9 「使うこと」の向こう

このような民藝をめぐる諸問題は、成功と困難の両面で、今日の生活環境主義に教訓を残している。民藝は、美しい物を作ろうとした瞬間に美が去ってしまうという落とし穴に絶えず抗い続けなくてはならなかった。同様に生活環境主義では、保存しようと意識した瞬間から、保存が生活から乖離する危険と戦わねばならない。意図や意志は時に、「意図せざる結果」をもたらす危険性と隣り合わせである。

鳥越皓之は竹富島の伝統的町並み保存運動を紹介する文章で、福田珠己の論を紹介している。この運動の保存対象は「古き良き沖縄を示す赤瓦の民家群」だが、実はそれは昔からあったのではなく、一九〇五年以降に現れた風景である。したがって「竹富島の伝統的町並み保存運動は歴史的事実というよりも、歴史的イメージづくりに結果としてポイントを置いており、それが成功している」のである（鳥越、一九九七、二五五頁）。保存という営みは必ずしも時を止めることではなく、新しく何かを作り出す場合もある。このようにして成功した歴史的イメージづくりだが、実は柳や民藝がそれに関わっていた。この点について、生活環境主義は民藝から学べることもあるのではないだろうか。

逆に民藝の方も、生活環境主義から学べる点があるように思われる。民藝は今まで主に作ることと使うことに注目して運動を展開してきた。それは、美的に自律した作品という発想法からの脱却であり、清新な試みだった。しかし、作り使うことの先には、捨てるという別世界が広がっている。それは環境社会学的問題の場である。生活環境主義と民藝がうまく接合できれば、伝統を営むことの環境論的意義が論じられ得るだろう。

民藝に対する典型的な反論として、民衆的と言いながら、その実、値段は安くないという批判がある。しかしながら、工芸の安さとは何だろうか。次々に新登場する使い捨ての工芸品は真に安いと言えるのか。確かに、民藝陶器の値段は必ずしも安くないかも知れない。だが、作り使った後の段階まで考慮に入れた場合、高いか安いかの判断は微妙である。いつまでもデザインが変わらず同じ物を作り続けるのは、創造性や独創性という点では後退かも知れない。だが、この同じ特徴を環境という視点から考え直すと、違った側面が見えてくる。

食器等日常的な陶磁は、セットで用いられることが多い。だが、そのうちの一個が欠けてしまったとしても、デザインが変わらない限りは、新たに一個を補充してセットとして使い続けられる。ところが、作り手がデザインを頻繁に変更してしまうと、そうはいかない。工芸品を独立した個体と見るのではなく、生活用具全体として捉えるならば、デザインが変わらないことはむしろ前向きな場合もあり得る。使う物のデザインが維持され続けることによって、使い手達の記憶が保存され守られるという面もあるように思われる。だとするならば、高いか安いかの判断は、物を手に入れ使っている時点ではなく、廃棄するに至る長い時間の中で、環境への負荷という視点も含めて下されるべきだろう。

10　「新しい科学」を求めて

鳥越皓之はその柳田國男論の中で、柳田による「〝事実〟の記述や説明」の多くで「『科学』的な意味での〝実証的〟（〝経験的〟）ではない表現」が用いられている点に注目する（鳥越、二〇〇二、一五五頁）。そこから鳥越は一つの主題を導き出す。「このような立場に立てば、なにもいわゆる西ヨーロッパ起源の『科学』のいう〝実証的〟という証明方法――近代科学は実証的であることが主要な生命線である――に、金科玉条としてすりよることのない〝科学〟もあってよいのではないか、という考えも成り立つ」（鳥越、二〇〇二、一五七頁）。

鳥越の問いかけには、一九一〇、二〇年代の柳が一時的にせよ心霊研究に熱い視線を注ぎ、新しい科学の登場を期待した後、宗教哲学論へと向かっていった時期の問題意識と共通している面がある。環境問題が未だ提起されていなかった時代において柳田や柳は、自らの思想が環境と結びつくとは想像しえず、それぞれ別の道を歩いていると考えていただろう。しかし現在、環境という切り口で当時の彼らの思考を振り返ってみると、案外その距離が近かったように思える。抽象的な哲学から出発して民藝という具体的な世界へと進んでいった柳宗悦と、農政官僚という具体的な世界から出発して日本人の魂の行方を追い求めるに至った柳田國男。二人はほぼ同時代に、環境という物と人々の心の交わりという、現代にとって示唆に富む思考と実践をそれぞれのやり方で模索していたのである。

参考文献

片桐新自（二〇〇〇）「歴史的環境へのアプローチ」片桐新自編『シリーズ環境社会学　三　歴史的環境の社会学』新曜社所収
河合隼雄（一九八七）「解説」イラ・プロゴフ著、河合隼雄・河合幹雄訳『ユングと共時性』創元社所収
佐藤健二（一九九二）「日本近代の「風景」意識――柳田国男の風景論から」古川彰・大西行雄編『環境イメージ論――人間環境の重層的風景』弘文堂所収
竹中均（二〇〇三）「郷土のもの／郷土のこと――民俗学・民藝・民具研究」「郷土」研究会編『郷土――表象と実践』嵯峨野書院所収
鳥越皓之（一九九四）『試みとしての環境民俗学――琵琶湖のフィールドから』雄山閣出版
鳥越皓之（一九九七）『環境社会学の理論と実践――生活環境主義の立場から』有斐閣
鳥越皓之（二〇〇二）『柳田民俗学のフィロソフィー』東京大学出版会
中見真理（二〇〇三）『柳　宗悦――時代と思想』東京大学出版会
イラ・プロゴフ著、河合隼雄・河合幹雄訳（一九八七）『ユングと共時性』創元社
堀川三郎（二〇〇一）「景観とナショナル・トラスト――景観は所有できるか」鳥越皓之編『講座・環境社会学第三巻　自然環境と環境文化』有斐閣所収
水尾比呂志（一九八一）「解題」『柳宗悦全集　著作篇　第二巻』筑摩書房所収

宮内泰介（二〇〇一）「コモンズの社会学――自然環境の所有・利用・管理をめぐって」鳥越皓之編『講座・環境社会学第三巻　自然環境と環境文化』有斐閣所収
柳宗玄（一九八一）「解説」『柳宗悦全集　著作篇　第二巻』筑摩書房所収
柳宗悦（一九八一）『柳宗悦全集　著作篇　第二巻』筑摩書房
柳田國男（一九九八）『柳田國男全集　第十二巻』筑摩書房

第3章

郷土のもの／郷土のこと

——民俗学・民藝・民具研究

1 「もの」と「こと」——柳宗悦と柳田國男

柳宗悦と柳田國男は、一九四〇年、雑誌『月刊民藝』（一九三九年創刊）誌上で、式場隆三郎の司会のもと対談を行っている。それには「民藝と民俗学の問題」という抽象的な題名が与えられており、民藝と民俗学という、時代を共有する二つの新ジャンルの相違点について、双方の創始者が直接語りあった数少ない機会として位置付けられてきた。結果的に、民藝は「もの」を扱う「価値学」であり、民俗学は「こと」を扱う「記述学」であり、立場を異にすることが確認された（水尾、一九七八、二四四頁）。その意味では、理論的内容の対談だったと言える。しかしこの対談には、一つの具体的な文脈・背景があった。それは沖縄である。

実は、この対談の前半は確かに「民芸学と民俗学との関係、双方の立場の相違などについての対談」であるが、後半は「沖縄の問題」について論じており、二つの論題の組み合わせでできあがっていた（大藤、一九六五、二八一頁）。折しも対談の時期は、標準語励行運動をめぐって沖縄方言論争が展開している真っ最中であった。民藝と民俗学という、現在に至るまで水と油の関係を保ち続けている二つの世界は沖縄という具体的な場を仲立ちとして否応なく出会ったのである。

なお、この対談には、柳田に師事した比嘉春潮も参加している。初出の『月刊民藝』誌上での出席者紹介は、「柳田國男　柳宗悦・對談」「司會　式場隆三郎」「沖縄縣人　比嘉春潮」となっている（日本民藝協会、一九四〇、二四頁）。比嘉の出席は後半の「沖縄の標準語問題批判」の部分に限られ、その発言数も少ないのだが、彼の存在は、対談が必ずしも柳と柳田の二者関係に尽きるわけではないことを示している。

郷土に根ざした手仕事の力を信じる柳にとって、沖縄は特権的な場所だった。沖縄について柳が残した熱烈な文章を読めば、それを実感できる。他方、郷土の研究を科学にまで高めようとする柳田にとっても、沖縄は重要な場所だった。『海南小記』や『海上の道』がその証しである。

しかし、そのような共通性にもかかわらず、二人の沖縄賛美者・柳と柳田は、対談において冷ややかに相対したように見える。柳の活動は美的創作につながっており、他方、柳田は客観的な学問体系を目指していた。また、柳は「もの」＝物質文化の世界に関わり、柳田は「こと」＝言葉の世界に主軸を置いていた。すれ違って当然とも言えよう。しかしながら、沖縄という固有の場所を舞台とする際に、この一見明快な対立は一種の陰影を帯びたように思われる。

「もの」と「こと」の対立――この問題はいかにも抽象的に見える。それに比べて沖縄の問題はあまりに具体的である。対照的な二つの論題が一つの対談の中で隣り合っていることの意味は一体何だったのか。これら一連の問題を解きほぐすための鍵は、郷土とは何かという問いにある。そこでまずは柳田國男の郷土観を取り上げる。

2　柳田國男の「郷土」――ユニティーと周圏論

一九三〇年代中頃、柳田は「日本の民俗学の全体像」を作り上げた。その大仕事の途上、一九三五年に柳田自身の手によって一般向けの案内書が刊行される。それが『郷土生活の研究法』である。一九三一年の神宮皇學館での講演記録である本書は、民俗学の基礎理論というべきであるが、「当時は未だ民俗学という用語は定着しておらず、柳田國男自身も民俗学という言葉を使用することに躊躇していた」。「殊に一般の読者や聴衆を相手にして語るときには民俗学とか民俗という言葉を避けて、より理解の得やすい郷土研究をしきりに使用していた」。その意味で郷土とは、人々にとっての具体的な場所を単に指し示すというよりは、一つの方法を意味する言葉だった（福田、一九九〇、六三二―六三五頁）。

それでは、自らの郷土を研究する営みにはどのような特色があるのか。柳田は次のように説明する。「日本人が自らわが民間伝承を採集し記録して、これを各自の祖先の活き方を知る手段にする場合と、たとえば我々が高砂族の現状を観察し、あるいは白人がスワヒリやエ《マ》スキモ《マ》オなどの生活誌を報告する場合と、どれほど違っているか」。

その違いの第一は、異文化観察の機会は、自文化観察の機会よりも圧倒的に稀少なので、異文化を訪れる旅人にできることは高々、容易に耳目に入る文化の一部を切り取って持ち帰るだけなのだが、その土地が一般に馴染みがない場所ならば、少々不正確な情報であっても大目に見られ、感心してもらえた。だが当然ながら、そういう知識には限界があるので、その土地にしばらく留まって観察を深めようとする熱心な観察者も出てくるだろう。しかし、それとても、「その背後に潜んでいる感覚の微細なもの」にまでは容易に届き得ないのが実情である。

その点、郷土研究は面目を異にしており、人々の心のひだに分け入る研究が可能である。「いかなる時代が来ても史学が国民的でなければならぬ理由、国の歴史と外国の歴史とが、よく似たものでありながら終始二分れに、研究せられなければならぬ」理由がここにある（柳田、一九九〇b、五四―五五頁）。

だが、そのような利点と、それに伴う重大な使命を担った郷土研究ではあるが、異文化研究にはない独特の落とし穴も待ち受けている。それは、「これだけはわが土地にしかないだろうと信じて、しきりにその珍しさを強調する」傾向と、「こんなことはもっともありふれた世間並だろうと思って、いっこうに注意を怠る」傾向という「二つの速断」である。本当の郷土は、両極を成す「二つの速断」の間に位置している。

必要なのは何よりも「相互連絡と比較調査」である。郷土への関心の高まりと反比例するように、遠い地方のことに無関心になるという傾向は、一時的な悪習として看過できるような根の浅い問題ではない。大事なのは、研究を孤立したままにしておかないことだ。

「ただ一つの古い記憶、または一片の口碑などが、単にある土地かぎりの特発のものであったならば、それが具えている史料としての価値は、実はそう大きなものであり得なかった。近く模倣や輸送の行われた気遣いのない遠い土地に、飛び飛びに離れて三十も五十も分布していればこそ、奇しく珍しく、またそれと国全体と郷土の住民との三つの関係が、問題として考えさせられるのであった」（柳田、一九九〇b、七七―七八頁）。

このような「遠方の一致」に注目する者にとって、「沖縄の発見ということは劃期的の大事件であった」（柳田、一九九〇b、八〇頁）。しかし、なぜ沖縄だけがとりわけ「劃期的」なのか。沖縄がいくら特徴的な文化を持っているとはいっても、一郷土に過ぎないではないか。ある特定の一地方だけが特別に重大な意味を持つというのは、そもそも「郷土」という考え方と矛盾するのではないのか。全ての地方は各々、かけがえのない郷土のはずである。このような疑問がわき起こってくる。

しかし、柳田にとって郷土という言葉は、その優しい響きとは裏腹に、厳格な学問的意義を持っていた。佐谷眞木人が言うように、郷土研究とは「柳田らによって創出された、現実に対する一種の認識態度」なのであり、そこには「普遍化・抽象化という方向」が込められている（佐谷、一九九六、一〇六、一〇七頁）。その点について詳しく論じているのが、『民間伝承論』（一九三四年）である。

後藤興善や比嘉春潮ら、身近な学徒達を前にして行われた私的講義の口述筆記から成る『民間伝承論』の中で柳田は、郷土という言葉の分かりやすさに抵抗して、次のように述べる。「郷土研究といっても東京日本橋も郷土であるという意味の郷土研究と違う。文部省の今日やっている郷土教育の郷土観念とも違い、フランスの劃地主義のそれとも違うのである。一言でいうならば、日本人の過去、日本人が持っていたものを知るための郷土研究であって、一地方だけの狭い知識をいうのではないのである」。では、何が郷土研究の真の目的なのか。

柳田によれば日本には他の国にはない特殊事情がある。地理的に見て日本列島は多様であり、その結果、生活も多様であって、「かくも複雑な日本人の生活と社会を一様に見ようとすることは、実際できぬ相談であることは明らかである。しかもこの国土の中に一つの種族が行きわたっていることは、国としては非凡であるといわざるを得ない」。「同じ日本人が異なった環境にいるがために、異った相や様式を持っているのである。統一というか、単一というかユニティーの問題などを研究するにはもってこいの国といえるのである」。ここに郷土研究の真の目的があり、「隣同士の間に相違があって遠方の一致がある」という現象は、「ユニティー」の証しなのだ。

単に「郷土を自分の住んでいるところという風に取らず、学問上の一つの単位と考える」のが、「遠方の一致」という方法を駆使する柳田の郷土研究である。この立場に立つならば、「郷土郷土で差異があり、その調査の上に価値の相違があることは否まれなくなるのは当然である」。「要するに郷土には、我々の学問的調査の対象としては、階級があり段階があるともいえるのである」（柳田、一九九〇b、三三三—三三八頁）。

沖縄の発見が画期的事件である所以は、沖縄の文化的・社会的独自性にあるというよりは、日本という全体の解明に重大な示唆を与えてくれるためである。「周圏論」的な観点からすれば、都という中心から最も遠い沖縄の発見こそが最も大切ということになる（福田、一九九二、七四頁）。『郷土生活の研究法』の表現を用いれば、それは「日本の古い分家」としての沖縄の発見である（柳田、一九九〇b、八一頁）。そして、この「周圏論」的な郷土観が、研究資料のあり方についての考察を経て、「もの」に対する柳田特有の態度を規定した一因だった。

柳田は、郷土研究のための資料を三種類に分類している。第一部は、「目に映ずる資料」であり「有形文化とも生活技術誌あるいは生活諸相」とも言い得る領域である。福田アジオによれば、この「有形文化という言葉は柳田國男独特のことばで、一般的な理解とは少し意味が違う」と言う。字面だけからすると、民具のような物質文化のことかと思ってしまうが、柳田の言う有形文化は、目で見て観察可能な文化全般であり、例えば祭りや儀式等、民俗的行為の大部分が含まれる（福田、二〇〇〇、五九、六一―六二頁）。当然ながら「もの」の領域はこの「第一部」に属する。

第二部は「耳に聞える資料」であり、「言語芸術あるいは口承文芸」が該当する。そして、第一部や第二部では捉え尽くせないもの、すなわち「微妙な心意感覚に訴えて始めて理解できるもの」全般が第三部である。

第一部は「通りすがりの旅人でも採集できる部門」であるが、第二部はしばらく調査を継続する必要があるので「寄寓者の学」である。さらに第三部はもっと深い理解を必要とするので「同郷人の学」である。「同郷人・同国人でなければ理解のできぬ部分」である第三部こそ、柳田にとって郷土研究の根幹をなす。したがって第一部や第二部は、第三部へ到達するための前段階だと言える。

第一部を対象とする研究は一見すると、今現在の物質文化や風俗の姿を考古学的目線で研究する「考現学」と大差ないように思える。だが、「以前から日本人の持っていた生活が知りたいのであるから、その目的とするところが考現学と違っている」。また、「物の外形にしても、その背後にあるものの伝承に注意するようにしなければならぬ。画家・写真師と我々との相違は、外形や色彩をただちに採集することなく、その奥に潜むもの、社会的動因ともいうべきものに対して注意するか否かの点にある」。

このような学問的姿勢を取ることによって、新しい「もの」の背後にも、古い「こと」を見出し得る。「草履は秋ごとに作り、菅笠は田植ごとに買うゆえ、常に新しいといい得るが、少しずつ変りつつもなお変らず残るものがある」。例えば、草履の鼻緒の独特の結び方がそうだ。そして、時を越えた不変性を「今日まで持って来た背後の力」にまで考えを及ぼすのが柳田の学問であり、この点が「一国民族学徒と殊俗誌家との根本的な差のあるところ」なのである（柳田、一九九〇b、三七一、三七二、三七四、三八九頁）。

この根本的な差を方法面で示してくれるのが、「周圏論」に裏打ちされた「重出立証法」である。ただし、重出立証法の詳細について柳田本人は明確に示さなかったのではあるが（福田、一九九二、六八頁）。

過去のある時点で、都という中心で生み出された新造語は、時間の経過と共に、水滴の波紋のように同心円を描いて広がってゆく。それゆえ、現在、ある特殊な言葉が遠く離れた複数の地方で同時に使われているならば、それは古い文化のしるしである。空間的に遠方を見ることが、時間的に過去を見ることへと変換される。

この方法は物質文化にも当てはまる。湿度が高く、木材のような腐りやすい材料を物作りに使用する日本ではとりわけ、過去が遺物の形で残されにくい。そのため、遺物を手がかりに過去を再現しようとするのはかなり難しい。歴史学が限界に直面するのがこの点である。そのような歴史学の弱点を補完するのが、現在なお作られ続けている物質文化の「遠方の一致」を利用して過去を透視しようとする民俗学的手法である。柳田は、「遠方の一致」という、空間を時間に変換する装置を駆使することで、歴史学とは一線を画する学問領域を作り出した。

柳田は、物質文化には変化していく部分と変化せずに伝承されていく部分との両方があることを認めつつも、「変らず残るもの」の探究の方に郷土研究の真義を見出した。すなわち「外形は内に伝わるものを知る手段である」。「外形の背後に内的に横たわるものにまで注意して来ると、もう一部とか二部とか三部とかの分類は借り物であって、民間伝承の研究は終極では分れずに一致してしまうことがわかるのである。従うて一部の専門家、二部の専門家はあり得ないはずである」（柳田、一九九〇b、三八九—三九一頁）。

柳田から見れば、物質文化それ自体に拘る姿勢は、「殊俗誌家」の姿勢同様、郷土の本質を見失っていると批判されるだろう。柳との対談で柳田が、「もの」を主とする柳の立場は「われわれの立場」と違うと断言できたのは、このような郷土観に裏打ちされていたからである。

『国史と民俗学』（一九四四年）所収の「郷土研究と郷土教育」（一九三二年）の中で柳田は、一九一三年以来続いてきた自分達の郷土研究を次のように位置付けている。自分達は「郷土を研究しようとしたのではなく、郷土であるものを研究しようとしていた」と。つまり、郷土それ自体が研究目的なのではなく、郷土はあくまで「あるもの」を研究するための手段・媒介なのである。その「あるもの」とは、「日本人の生活、ことにこの民族の一団としての過去の経歴」である（柳田、一九九〇a、四八六頁）。

柳田がこの点を強調するのには、時代背景上の理由がある。当時「文部省系統の人々」によって提唱されていた「いわゆる郷土研究事業」には、「各自の郷土の事情を明らかにすることをもって、いったんの目的達成と観る風」があり、「単に自分の土地の事しか知らない郷土研究者」が賞賛されがちだった。そのような現状に対して柳田は不満だった。柳田は、どちらの郷土解釈が優れているかについては読者の判断に任せつつも、「学問の理想としては、私は自分の方が正しいと信じて」いると書き記している（柳田、一九九〇a、四八七頁）。

3　民具学の視点――変化と移動

「郷土を研究しようとしたのではなく、郷土であるものを研究しようとしていた」――この柳田の言葉を巻頭に掲げた書物、それが宮本常一の『民具学の提唱』である。宮本は次のように続ける。「この言葉は民具研究についてもそのまま適用できるのではないかと。つまり民具研究は単に民具を研究することではなく、民具を通してあるものを研究することではないかと思う。そのあるものとは文化とか技術とかを明らかにしていくことであり、個々の民具を知ることは手段であったといっていい」（宮本、一九七九、一〇頁）。

この『民具学の提唱』は一九七九年刊で、比較的最近の書物だが、物質文化研究の歴史が浅いわけではない。日本における「近代科学としての民具研究」は明治期に始まる。「後の時期と違って」、明治期の研究者達は「一般に物質的具象的な民俗事象に深い関心」を寄せていた（宮本、一九九一、一四〇頁）。日本の人類学の祖・坪井正五郎らによる先駆的な物質文化研究等から生まれた「旧東京大学理学部人類学教室資料」がその象徴である（宇野、二〇〇〇、一三頁)。

大正期になると、柳田國男・高木敏雄共同編集による『郷土研究』創刊によって、郷土の本格的研究のための地盤が築かれていった。だが、この雑誌では「文献学的方法」が強調されており、「後に単独編集にあたられた柳田先生によって地方生活誌の研究が指向されたが、民具の研究は大正期を通じて沈滞してしまった」。その後、昭和戦前期になって、民俗学・民族学が独自の学問として確立していくとともに、民具研究も画期的展開をみせる。その中心が、渋沢敬三らによる「アチック・ミューゼアム」だった(宮本、一九九一、一四一、一四四頁)。アチック・ミューゼアムは民具蒐集の拠点であると同時に研究所でもあり、渋沢の薫陶を受けて多くの民具研究者を輩出した。その一人が宮本常一である。

このような民具研究の変遷を見ても分かるように、柳田民俗学との近さと、そこから逆説的に生じる遠さは、民具研究を一個の学問として確立していく上で大きな懸案だった。宮本の『民具学の提唱』は、まず柳田の郷土研究からの継承関係を明らかにした後、否応なく、次のような問いかけにも答えなければならなかった。「近ごろよく周囲の人から何のために民具の研究をするのかという質問をうける」。すなわち、「民具の美術的な価値を求めるのでなく、民具の材質や形体や用法をしらべて見ても」大して価値はないのではないか。あるいは、「民具の研究を民俗学の中から切りはなすほどの必要があるのか、民具の研究は一つの科学として成り立ち得るのか」と。

民俗学から民具学を自律させる必要性について宮本は次のように説明する。「従来の民俗学が重出立証法によってその始源をさぐろうとしたのに対して、技術の共通性と差異性を系統的、系譜的にたどっていくことによって、古い技術をさぐりあて、またそれがどのように変化していったかを明らかにする方法もある。民具を研究対象にすることによって、いままで民俗学がもっともなおざりにしていた民衆の日常生活と技術の発達を追求することができるように思うのである」。

「有形物」を研究対象とすることによって、たとえその起源を十全に解明できなかったとしても、その「発展流布」「一つの形態が生まれて来るまでの過程」「作り方」等を知ることはできる。さらには、「新しい民具が生活をどうかえていったか」を調べることにもつながってゆく。「それがどう変わっていったか、何故変わらねばならなかったか」「一つの生活環境の中でいつどうして伝えられ、また変化していったか」という問いの探求を通じて、「変化や普及の法則」を見つけ出すのが民具研究の目標である（宮本、一九七九、一一―一四頁）。

福田アジオによれば、柳田には「歴史は必ずしも進歩とか発展とは限らないという考え方」があったという。むしろ、「過去に矛盾のない調和のとれた状態」を想定した上で、「社会の変化」が「矛盾を引き起こして」様々な問題を引き起こすに至ったと考える傾向があったとすら言えるかも知れない（福田、二〇〇〇、三五頁）。このように柳田民俗学が、時を超えて変わらないものの探究を目指し、それゆえに、心意現象を最も重要な研究対象としつつ、重出立証法という武器を駆使するのに対して、民具研究では、研究目標の違いを反映するように、「重出立証法がもっとも重要な手段ではなくなっていく」（宮本、一九七九、一四頁）。

宮本はこのように主張した後、民具研究の実例として、養蚕業において蚕に繭を作らせるために用いる「マブシ」を挙げる。宮本によれば、藁製の波形マブシは、明治に入ってから生み出された「間にあわせ的な」「発明」で、使い捨ての「全く粗末なものであり、民具の形体だけを取りあげる人によってはその研究などほとんど問題にならない」代物だった。しかし、これこそが「養蚕業の上に革命的な変化をもたらした」のである。波形マブシの普及につれて、大量飼育が可能になり、そのことは「民家の構造」にも変化をもたらした。さらに、養蚕の発達によって農村全体の結合力が強まっていったと宮本は主張する。「農村の共同化は藩政時代よりも明治時代に入って進んだところが少なくない」のである。宮本は結論として次のように記している。「物を通して文化の発展を見てゆくとき」、従来の発展論とは異なる考え方が可能になってくる。「私は民具を通して文化発展の新しい見方を持ちたいと思っている」（宮本、一九七九、一五―一九頁）。

それに対して、柳田の重出立証法を支える周圏論は、「それぞれの地域は非常に素直に何の抵抗もなく中央から来たものを受け容れ」、「それをまたそのまま次の地域に伝えていく」という考え方に基づいており、「そういう点ではこの周圏論は地方というもの、あるいはそれぞれの地域というものの主体性を無視」していると言えなくもない（福田、二〇〇〇、五一頁）。

常民の生み出した物質文化の技術は常に改良の可能性に対して開かれていて、不変ではあり得ないし、他の土地でも利用可能な転用可能性を多かれ少なかれ持っている。変化と移動こそ、技術の変わらぬ本質である。ところが、このような民具研究の技術観とは異なる見方を柳田は持っていた。「長い間の政治経済の変化の間を、変化せずに伝わって来た無形の趣味、それを技術は伝えているのであって、技術は民族に伴なうものだといえる」（柳田、一九九〇b、三九一頁）。

時代を超えて変わらずに一貫する背後の何かを追い求める柳田の郷土研究観に対して、民具研究は基本的に伴走しながらも、変わらなさと共に変わりゆくことにも注目した。それは、宮本の著書に至って定式化されるようになったわけだが、その萌芽は、宮本の師である渋沢敬三に既にあったのではないだろうか。

網野善彦による『澁澤敬三著作集』解説によれば、「人と物の移動を見逃していない」渋沢は、「移動・遍歴する職人・商人への関心」や漁民への関心を持っていた。それは、農民を関心の中心に据えた柳田民俗学とは異なる眼差しであり得た（澁澤、一九九二、五七四、五七五頁）。漁業史への関心が低かった時代、漁民に目を向けた渋沢は慧眼であるが、それだけではなく、海への関心は柳田の方法を相対化するかも知れない側面さえ持っていた。

宮本は次のように記している。

「澁澤は魚方言を集めている間に和学名、あるいは標準和名といわれるものに外来語がきわめて少ないことを発見した。それは植物に比して対照的であるといっていい。また和学名あるいは標準名といわれるものはひとたび文化の中心地に採用された魚名で、それは多くの地方の魚方言と併称されやすい。が、文化の中心にかならずしも全部の魚が集まるものでもない。魚に関する限り中央の知識はそれぞれの地方に比しかえって貧弱であったと見る方が妥当であることが多いことを指摘している。したがって魚名には方言周圏説はきわめて成立しにくいものになることを指摘し、文化の中心に集まりにくい魚に方言の多いことも指摘し、魚類によって方言量の多少の因由をさぐろうとしている」（宮本、一九七八、七五頁）。

柳田には周圏論によって空間を時間へと変換しようとする傾向があったのに対して、渋沢は、空間に対する独自の感受性を持っていたようだ。そのような渋沢が民具に目を向けたのである。

宮本によれば、民具を通して見えてくるのは「日本文化は日本列島の上で孤立して存在していたものではなかったということ」である。したがって「民具を見ていくということは日本的な視点だけでなく、国際的な視点がその背後になければならない。もっと大事なことは国境というものをぬきにして見る視点が重要な意味を持って来るのではないか」。「この関係は柳田先生が民俗学を内省の学として規定したのに対して石田英一郎教授が多民族学に対する単民族学として民俗学をとらえようとしたこととつながって来る」（宮本、一九七九、六一、六二頁）。

渋沢は「アチック・ミューゼアムを主宰し、民俗学、水産史の分野で多くの研究者を育て、また日本における民具研究の礎を築いた。と同時に、日本民族学の発展を側面から支えてきた」と評されるのだが（田村、二〇〇一、一二七頁）、この「と同時に」は単なる偶然ではないだろう。民具研究と民族学は、時間の中での首尾一貫性に注目する柳田民俗学の内省性と一線を画しつつ、「国境というものをぬきにして見る視点」を共有し、空間に対する独自の感受性を持つという点で、方法上の近さを持っている。そして、これら二つの新学問を渋沢という一人の人物が体現していたのである。

4　民具と民藝——陶磁器が持つ意味

財界人として多忙を極めた渋沢は、体系的・理論的著述をあまり残さなかったため、彼が目指した学問の全体像を描き出しにくいと言われる。しかし宮本はある文章で、師の学問的姿勢を書き残している。

それによれば渋沢は「恣意的に集めたものは正しくは民具とは言えないのではないか。たとえ少数のものを集めても、それが全体のものの中のどのような部分をしめているかがはっきりしていないと民具とは言い難いのではなかろうかと言っておられた。その例として『釣瓶は水を汲むために工夫されたものであり、そうした使用目的を示すような蒐集をしたものは民具といえるが、その形を面白がって花生けなどに使っているのを見ることがあるけれども、それは民具とは言えないのではなかろうか。民具を利用した骨董品とでも言うのが適切ではないかと思う』と話しておられたことがあった」（宮本、一九七九、七五頁）。

「渋沢先生がもっとも関心をもったのは有形民俗資料のうち民具であったが、民具に関心を持つ者はきわめて少なかった。そのうち骨董的価値のあるものなどは民芸品と称して買いあさるものは多かったが、それが学問的な研究対象になったわけではない」（宮本、一九七九、八〇頁）。

民具と民藝はほぼ同時期に始まり、同じような物を追い求めた。にもかかわらず、あるいはそのためにかえって、両者の間には深い溝がある。それは、両者の蒐集物の違いに表れている。「柳の目は江戸時代、職人が作り出した商品としての道具に向けられていた」のに対して、渋沢は「より古くからの形を残すと思われる身近な材料の自作品を集めて研究するべきだ」と考えていた（浜松市博物館、一九九七、二六頁）。

宮本によれば、「民具の場合には、渋沢先生がこれを集めはじめた頃にはその範囲はきわめて狭いものであった。漠然とした概念があって、手作り自体が基本であり、職人の作ったものはできるだけ除外している。未開《ママ》社会にあっては、職業分解はほとんど見られず、その社会に必要なものはそこに住む人たちによって自給されていた。そういうものを民俗品というならば、当然、鍛冶屋、大工、石工、瓦師、焼物師などの作ったものは民俗品とは言えないことになって来る」（宮本、一九七九、四七頁）。

『花祭』で有名な早川孝太郎は元画家で、後に民俗学・民具研究へ転じたが、彼は個人的に陶磁器に関心を持っていた。だが渋沢は早川がアチック・ミューゼアムとして陶磁器を蒐集するのを許さなかった（浜松市博物館、一九九七、二六頁）。その結果、アチック・ミューゼアムの蒐集は民藝館の蒐集とよく似た染織品を含む一方で、陶磁器が非常に少ないという特徴を持つこととなった（熊倉・吉田、二〇〇二、八頁）。柳田が郷土という言葉に特別な意味を与えて学問用語として鍛え上げたのと同様に、渋沢は民具という言葉に、我々が現在考えている以上の限定的な意味を託していたようである。

アチック・ミューゼアムといえば、藁製の自給的な履物「あしなか」を全国から大量に集めた研究が有名だが、その調査が行われた一九三五年当時は「まだ民具という言葉がこなれていない時代で、民芸品と区別して説明するのに苦心した」と、研究に携わった礒貝勇は回想している。と同時に彼は、「アシナカをテーマとしたことは民具研究の例題としてあるいは適切でなかったかも知れない。もっと普遍的な、たとえば飲食器などをえらぶという工夫があってもよかったとも思われる」と記しているのは示唆的である（礒貝、一九七三、四四、四六頁）。

その後、民具研究は次第に陶磁器も研究対象として取り込んでいくことになる（宮本、一九七九、四七頁）。だが、創始者である渋沢のこの自己限定を、単なる偏狭さと片づけてよいのだろうか。柳達の民藝蒐集にとって陶磁器がかなり重要な位置を占めていたことと比較しつつ、民具にとって陶磁器が持つ意味について今なお考えるべき余地が残されているように思われる。

5　三人の巨人――具体性と抽象性のはざま

民具研究と民藝は、初期段階では多少の交わりはあったようである。例えば一九三六年、双方が相手方の拠点、日本民藝館とアチック・ミューゼアムを訪問している（浜松市博物館、一九九七、三二頁）。しかしその後は基本的に平行線をたどって今日に至る。

だが、この平行線に柳田という補助線を引いてみると、平行線が必ずしも平行線ではなくなってくる。柳田の民俗学・渋沢の民具研究・柳の民藝――これらを三角形として捉えることで、柳田と渋沢の間にある近さと緊張関係、渋沢と柳の間にある接点と対立、そして柳田と柳の間にあったすれ違いを、まとめて捉えられないだろうか。もちろん、三角形の中心に位置するのは郷土、とりわけ沖縄という郷土である。

既述のように柳と柳田の対談は、「もの」を扱う「価値学」と「こと」を扱う「記述学」とは立場が違うということを確認した。ただし、柳田の「有形文化」という言葉が独特の意味合いを持っていたのと同様に、柳が言う「もの」も微妙なニュアンスを帯びている。

対談の前年、一九三九年に雑誌『工藝』誌上に掲載された柳の文章「『もの』と『こと』」によれば、「もの」という言葉は「必ずしも『品物』という意味に限らず、『具体的なもの』という意に解してよい。人間も活きた『もの』であり、歴史も動きつつある『もの』に外ならない。只そういう『具体的なもの』の実例として品物が一番手近なものであるのは言うを俟たない。『こと』は之に対して『抽象的な事柄』の意になる」と注釈している（柳、一九七二b、二頁）。

このように、「もの」という言葉には独特の意味合いが与えられているが、にもかかわらず実際には、物質文化を重視するか否かが大きな相違点とならざるを得ない。すなわち、「民藝学が形のある品物を主要な対象とするのは必然であり、之に反し民俗学では品物の方は補足的材料になってくる」。「民藝学の方では最も便宜な材料として焼物を例に選ぶことが多い。然るに日本の民衆生活に最も多く用いられている此の品物に就て、民俗学が述べている場合は非常に少ない」（柳、一九七八、三七四頁）。

柳自身は、他の物に比べ陶磁器は「もの」的性格が強いためにそうなると説明しているのが、既述のように、民具研究における渋沢の陶磁器拒否は、「もの」と「こと」の対立だけでは割り切れない複雑な面を孕んでいる。例えば、民具研究にゆかりのある人々が、湯呑みのような焼き物を民具と見なすか否かに関しては今なお微妙な問題があると指摘している（泉ほか、二〇〇一、六―七頁）。

柳田の冷淡さと渋沢の拒否――この二重の排除を受けたのが陶磁器だった。その意味では、陶磁器への関心の有無が、民俗学やその一部としての民具研究と民藝との間の大きな相違点なのである。しかし、民俗学とは一線を画する独立した学問としての民具研究を提唱した宮本常一の言葉に耳を傾けてみると、また別の世界が開けてくる。『民具学の提唱』によれば、先島諸島・竹富島で上勢頭亭によってなされた民具蒐集は「これまでの学者たちの見落としている世界をほりおこしてくれた」が、「それを物語るのは陶器である」と言う。

「この地方の陶器はこれまでは先島地方に見られるパナリ焼と、那覇の壷屋から普及していった甕や壺の類が主であると言われていた。ところが上勢頭さんの集めたものには中国のものが多い。それも宋、明、清にかけての長い歴史を物語るもので、その多くは埋葬地から出たのである」。そして、このような「沖縄で生産されたものでない陶磁器」すなわち「先島に残る大陸系陶磁器の発見の量はおびただしいものがあるようで、中世における先島と中国の関係の深さを知る大きな手がかりになる」（宮本、一九七九、二一四、二一六頁）。「もの」がダイナミックに移動する姿がそこにある。

福田アジオによれば柳田國男は「沖縄を日本の最も古い姿、あるいは日本の原型と考える立場」を取っていた。しかし、「沖縄は日本本土とは違った形で中国と直接接触をしました。沖縄は一九世紀の中頃、明治維新を迎えるまでは、本土の幕藩体制に組み込まれつつも別の国家を作っていたからです」。「ですから沖縄の方が中国の文化との関連が大きいことははっきりしています」。「そういうことから考えましても、沖縄の様子は簡単に日本の最も古い姿を示しているとはいえないわけです。しかし柳田國男はそういう中国の影響のはっきりしているものは取り上げず、無視しました」。つまり、「沖縄が日本の中で一つの独立したというか、別の地域だということがしばしば忘れられてしまうことがあります。その点では柳田國男は日本の中の一つだという考え方を出して、重要な場所にしましたが、沖縄を特別な地位とか存在としては考えなかったといえます」と福田は指摘している（福田、二〇〇〇、五六—五八頁）。

それに対して、民俗学から独立した民具研究を目指した宮本は陶磁器に注目することで、柳田とは異なる沖縄像を紡ぎ出そうとしたのである。沖縄の焼き物に対する宮本の視線は、一方で柳田國男の郷土観の前提を見据え、他方で柳宗悦の沖縄礼賛と通底する可能性を示していた。

確かに柳は「沖縄人に訴うるの書」（一九四〇年）の中で次のように主張していた。「ここに日本を見よと、どうして沖縄人は叫ばないのか。日本とは違うと想像される沖縄に来て、始めて害われない日本に逢えるのである」。「何よりも大和文化の独自性を最も多量に所蔵するのは沖縄だという自覚を有たれよ」と（柳、一九七二a、一二九—一三〇、一四五頁）。

この点に注目して疋田雅昭は、「沖縄方言論争」において民藝側が日本国家による標準語強制に対して沖縄の言葉の固有性を擁護しつつも、「沖縄を日本を代表する『美』として見出し、その文化の保存と普及を奨める」立場を取っていたと批判している（疋田、二〇〇一、三九—四〇頁）。民藝が沖縄を日本の代表という美名の下に取り込もうとしたという批判である。多様なはずの類似性を同一性へと強引に回収してしまう「代表」（representation）という言葉の権力性が、エドワード・W・サイードによるオリエンタリズム批判の要点だというのを思えば、この問題は小さくない。

だが、もっと具体的に「もの」、例えば壷屋の焼き物について語る時、柳の語調は微妙に異なる。「私達のように日本全土の焼物を集めている者が仮りにその中に壺屋の骨甕を置いたとしよう」。すると、その美しさは「圧倒的な威力」で他をよせつけない。なぜか。「その姿は漢代以降綿々として続く素晴らしい東洋の形態を示してくれる」からである（柳、一九七二a、一四二頁）。ここでは沖縄は、日本の代表という位置付けに収まりきってはいない。柳の沖縄礼賛は、日本を代表する郷土として沖縄を見る視点を含みつつ、そこには収まりきれない広がりも示唆している。

柳田の場合、日本の都から空間的に遠く離れた沖縄は、日本文化の時間的始源へと変換されがちだったが、柳の場合、時間への変換は純粋化されず、民具研究と共通するような空間への感受性が際立っている。周圏論的な同心円から外れていく、ぶれを含んだ郷土観が民藝を支えているのではないか。柳の言葉と宮本の言葉を二重写しにする時、そのような読みの可能性が浮かび上がる。柳が柳田とは異なる郷土観を持ち得たのは、渋沢や宮本がそうだったように、「もの」と空間への強い関心のおかげだったように思われる。

例の対談において柳も柳田も、互いに違うのを自覚している点では一致していた。その意味では、民藝・対・民俗学という二項対立構図は両者によって共有されていた。だがそこに欠けていたのは、民俗学・民具研究・民藝の間に三角形の関係が成り立つかも知れないという視点ではないだろうか。例えば、柳は民具研究を「具体的な民具そのもの」よりも「民具たること」への興味の産物、すなわち「民具と呼ぶ抽象的な世界への観察」に過ぎないと見なして、民藝との連携可能性を追求しなかったが、果たしてこの切り離しは適切だったのか（柳、一九七八、三七五頁）。柳の「もの」、柳田の第一部、そして渋沢の民具――これら三つは、部分的に重なりつつも奇妙なねじれ関係にあり、それは、現在に至るまで解消されてはいない。

渋沢達のアチック・ミューゼアム民具コレクションは現在、紆余曲折を経て、国立民族学博物館に収められているが、そこで二〇〇一年春、「企画展　大正昭和くらしの博物誌――民族学の父・渋沢敬三とアチック・

ミューゼアム」が開催された。さらに第十七回民族藝術学会大会も催され、「民具と民藝」をテーマとしたシンポジウムや、関連する研究発表が行われた（熊倉・吉田編、二〇〇二）。平行線を敢えて交差させるための試みがこうして始まったが、どのような共通言語でお互いを語り合えばよいのか等、取り組むべき課題は多い。民俗学・民藝・民具研究――これら、郷土をめぐる三つのアプローチを、三つどもえの緊張／親和関係で捉えることで、「もの」と「こと」から見た新たな郷土論を切り開くという可能性は、未だ可能性のままに留まっている。

参考文献

泉房子・勝部正郊・神崎宣武・中牧弘允（二〇〇一）「特別座談会　アチック・ミューゼアムと民具研究」『月刊みんぱく』第二五巻第五号、財団法人千里文化財団所収
磯貝勇（一九七三）『民俗民芸双書75　続・日本の民具』岩崎美術社
宇野文男（二〇〇〇）『みんぱくコレクション』千里文化財団
大藤時彦（一九六五）「解題」『民俗学について――第二柳田國男対談集』筑摩書房所収
熊倉功夫・吉田憲司編（二〇〇二）「カラーグラヴィア：民具と民藝」民族藝術学会編『民族藝術』vol. 18　民族藝術学会所収
佐谷眞木人（一九九六）『柳田國男――日本的思考の可能性』小沢書店
澁澤敬三（一九九二）『澁澤敬三著作集　第三巻…犬歩当棒録　東北犬歩当棒録』平凡社
田村善次郎（二〇〇一）「渋沢敬三と民族学」近藤雅樹編『図説　大正昭和くらしの博物誌――民族学の父・渋沢敬三とアチック・ミューゼアム』河出書房新社所収
日本民藝協会（一九四〇）『月刊民藝』第二巻第四号、日本民藝協会
浜松市博物館（一九九七）『民芸と民具――「美」と「歴史」の発見――第16回特別展関連図録』浜松市博物館
疋田雅昭（二〇〇一）「『似ていること』と『同じこと』――昭和初期の沖縄をめぐる学術的言説について」『日本文学』五〇巻一号、日本文学協会所収
福田アジオ（一九九〇）「解説」『柳田國男全集28』筑摩書房所収
福田アジオ（一九九二）『柳田國男の民俗学』吉川弘文館
福田アジオ（二〇〇〇）『民俗学者柳田国男』御茶の水書房

水尾比呂志（一九七八）『日本民俗文化大系６　柳宗悦』講談社
宮本馨太郎編（一九九一）『図録・民具入門事典』柏書房
宮本常一（一九七八）『日本民俗文化大系３　澁澤敬三』講談社
宮本常一（一九七九）『民具学の提唱』未来社
柳宗悦（一九七二ａ）『新装・柳宗悦選集第五巻　沖縄の人文』春秋社
柳宗悦（一九七二ｂ）『新装・柳宗悦選集第八巻　物と美』春秋社
柳宗悦（一九七八）「民藝學と民俗學」水尾比呂志編著『日本民俗文化大系６　柳宗悦』講談社所収
柳田國男（一九九〇ａ）『柳田國男全集26』筑摩書房
柳田國男（一九九〇ｂ）『柳田國男全集28』筑摩書房

第4章 郷土の地図を描く柳宗悦
――『現在の日本民窯』と『手仕事の日本』

1 はじめに――「本物の日本」を示す地図

日本思想史を研究する歴史学者ハリー・ハルトゥーニアンはその著『近代による超克』の中で、戦間期における郷土観をめぐって柳田國男や折口信夫を詳しく論じている。ところが、柳宗悦については次のように言及しているだけである。「柳田國男は、日本人の本源的な生活を顕現させる源としての風俗と氏神信仰を活性化することに膨大な努力を費やし、また、柳宗悦は、一九三〇年代に、民芸品を蘇生することに一意専心とりくんだ」（ハルトゥーニアン、二〇〇七、一八八頁）。

ハルトゥーニアンによれば「柳田版の国民的語りがめざしたものは、国家主導型の説明に対する補足に過ぎなかった」のであり、柳田は「太古の昔から存在し、都市の発展が日常生活の統一を掘り崩しつつある現代にいたるまでとぎれることなく続いてきた、日本という統一体を支える日本の柱」を見出そうとした。「彼が試みたのは、この統一体を再構築するという仕事であった。統一の記憶は、遺跡や人民の実践の継続を通じて、物語や、信仰や、民芸品のなかに、ほのかな光を放っている。それは、現在において、『本物』の場所を、『本物の日本』を、そして『日本人』の意味を回復するための地図を示すものと考えられた」（ハルトゥーニアン、二〇〇七、一五七頁）。柳田を論じる際に「民芸品」にも言及するハルトゥーニアンから見れば、柳が取り組んだ営みも「本物の日本」を「蘇生」「回復」するための「地図」に過ぎないと見なされるだろう。

しかし、当然ながら、柳は一人だけで「民芸品を蘇生すること」に取り組んだわけではない。民藝が物を作り出す運動である以上、集団的である。そして、集団において人々の考えは一枚岩ではあり得ず、そこに不協和音が存在する。民藝運動という一枚の地図の中にも様々な地形が広がっている。ハルトゥーニアンのように全体を鳥瞰するのではなく、微細な地形の違いに注目し、別ルートを通ってこの地図を歩いてみたい。

2　新体制・工芸・民藝

柳達が活動した戦間期日本においては、民藝に限らず工芸領域全般が、社会や政治との関わりの下で特別な関心の対象となっていた。「商工省の官僚だった岸信介、吉野信次らが推進することになる一九三〇年代に始まる産業合理化運動」は「日用品の規格化」を通して産業合理化を目指したが、これは一つの思想運動でもあった（柏木、一九九六、五六、五七頁）。さらに四〇年代に至ると、「統制」「新体制」という大きな運動の一部として再編されていった。

仙台の商工省工芸指導所はその中心の一つである。開設以来の所長だった国井喜太郎は一九四二年、『工芸ニュース』誌上で新体制下の産業工芸の進むべき道を示唆しているが、それは三つの柱からなると言う。第一に、「戦争はすべての旧弊を破壊すると共に、必ず新しい体制を建設する」として、戦争に伴う「新体制」への期待感が示される。第二に、日本工芸界の旧弊を改めるために、西洋心酔ではなく日本的なるものを、贅沢品ではなく大衆的量産品を目指して進むべきだと主張される。第三に、前二者からの帰結として、「用と美」が一体となることの必要性が説かれる（柏木、一九九六、五八頁）。

第三の「用と美」の統合は、三〇年代以降に日本のモダンデザインが掲げるスローガンだった（柏木、一九九六、五九頁）。それゆえ新体制は、民藝運動に関わる（少なくとも一部の）人々からも格好の機会として理解された。その意味では、産業工芸を推進する工芸指導所と、反・産業工芸の立場にあるはずの民藝運動が同じ時代潮流の中にいた。

例えば一九四一年、商工省主催の国民生活用品展が高島屋で開催された際、「戦時下におけるあるべき国民生活用品とは何か」をめぐって雑誌『工芸ニュース』誌上で座談会が行われた。その出席者十一名の中には、五名の工芸指導所関係者や、長谷川如是閑、今和次郎、堀口捨己らとともに、式場隆三郎が含まれていた。彼は当時の民藝運動の中心人物の一人である（柏木、一九九六、七一頁）。この展覧会で提示された「国民生活用品のあるべき四条件」とは、「質実で堅牢なこと」「材料を節約していること」「使用に便利なこと」「簡素で美しいこと」だった。それらは、戦時下における経済的要請とも連動する「合理的かつ機能的要請」だったと共に、少なくとも文言だけで見れば、民藝の趣旨とも合致していたのである（柏木、一九九六、七二、七三頁）。

それでは、柳宗悦自身は新体制に対してどのような心構えを抱いていたのか。その点を窺い知れる文章が、柳の著書『工藝』（一九四一年）に収録されている。『工藝』は、主に一九四〇年前後に雑誌『工藝』等に発表された五つの論文からなっているが、巻頭に置かれた最も長い論文「工藝の性質」だけは初出が一九三七年である。ここでは二番目の論文「新体制と工藝美の問題」を取り上げたい。巻頭の「工藝の性質」が民藝論の金字塔『工藝文化』（一九四二年）の先蹤だったとすれば、二番目の論文はその影である。

表題通りこの文章は「今回国家が要求する新しき制度」である新体制と民藝運動との関わりについて述べている。そもそも民藝の理念達成のためには「何か国民的な正しい社会組織」が必要とされるのだが、新体制の機運こそ「絶好の機会」なのだ。また、新体制を主張する側にとっても「吾々の民藝運動程、新組織の要求に直ちに寄与し得るものはない」（柳、一九四一、九五、九六頁）。それはなぜか。

柳によれば、近代日本が奨励した機械生産は、「普遍的」「国際的性質」を持つ「科学的原理」に基づいているため、生産品は「郷土的な国民的な異質性」を失ってしまった。このような現状を打破するためには「日本の鮮かな存在を示す為に」、「手工芸の復興が国家的事業として奨励」されねばならない（柳、一九四一、一〇一—一〇四頁）。そもそも民藝の主張とは、美が個人（それも天才的な個人）の自由からのみ生まれるかのごとき錯覚に対する異議申し立てである。では、個人の「個性を超える仕事」はどこから生まれるのか。柳の答えは、「伝統の尊重」と「組織の結成」である。彼にとって新体制とは「日本の伝統を再認識する時期」の到来を意味する。今こそ「日本的なるものが活かされねばならない時」である。そして、伝統が正しく創造的働きをなすためにも、何らかの組織が必要である。このことは、他ならぬ工芸の場合とりわけよく当てはまるのであり、新体制は、「協力的な団結」によって「工藝界を組織的存在に高める真に恵まれたる好機」なのである（柳、一九四一、一〇七—一一二頁）。

この時局において美はどうあるべきか。柳によれば近代の発想法には、尋常なものは優れたものではあり得ないという思いこみがある。それゆえ近代芸術は異常なもの・病的なものとなってしまった。だが、病的なものは人類を幸福にしない。「病気は当然治療されねばならない」。美の源泉が天才的個人の自由にあるとする近代的思考は、実用に奉仕する品々を不自由と見て低く評価してきた。だが民藝は、実用への奉仕こそが真の美を生むと主張する。この原理こそ新体制下における美の原理であるべきだ（柳、一九四一、一一五—一二〇頁）。この原理に立つならば、安価と美は矛盾しないはずであり、新体制下の「奢侈禁止令」は、「不当な価格を尋常なものに戻す為の当然な措置」と言える。安くて実用的な品が美の本道なのである（柳、一九四一、一二六、一二七頁）。

この文章では、「郷土的な国民的な異質性」の問題が新体制との関わりで論じられ、結果的に、民藝運動と新体制との親近性が強調されている。これが当時の柳の郷土観の一面だったことは確かである。

その一方で、戦時中に執筆されたものの出版の機会を得ず、戦後になってから世に出た柳の著書『手仕事の日本』は、同じく郷土的なるものを強調しながら、方向性の異なる文章となっている。土田眞紀によれば『手仕事の日本』は、「地方の民藝」という視点の見事な結実であり、「ここでの『日本』は多種多様な地方に残る手仕事によって描き出される地図としてある。この地図は柳が大正時代から繰り返した数々の旅の集大成であるともいえる」（土田、二〇〇七b、一九八頁）。そこに描かれた日本と郷土の姿は、戦後に広く受け入れられた民藝の典型的イメージと合致しており、敗戦前に既にこのようなイメージを確立していたことに柳の先駆性を感じる。

だが、その中には、異なる音色が混じっているのを聞き分けることも可能である。土田は戦後刊行の『手仕事の日本』の「後記」が戦時中に書かれた点に注目し、そこに見られる「『真に国民的な郷土的な』をはじめとする表現が、柳や民藝運動もまた『新体制』下にあったことを強烈に想起させる」と指摘している（土田、二〇〇七b、二一四頁）。

3　不協和音としての『現在の日本民窯』

刊行された「新体制と工藝美の問題」と、戦後まで刊行されなかった『手仕事の日本』との間の振れ幅の大きさの中に、戦時期における柳宗悦の郷土観は位置付けられる。私見では、この両著作の中間に位置するのが、柳が式場隆三郎と共編した『現在の日本民窯』（一九四二年）である。そこには、『手仕事の日本』でかすかに聞き取れた異なる音色が、より明瞭に響いている。

以下で試みたいのは、『現在の日本民窯』と『手仕事の日本』が描き出す二つの焼き物地図の対比なのだが、二つの地図の対比という手法は先行研究にも見出せる。例えば、濱田琢司や小畠邦江の研究がそれに該当する。濱田によれば民藝運動は、同時代の二つの眼差しに対抗する言説だった。一つは、新たな輸出品の発掘を目指す殖産興業の枠組みで陶磁器を振興しようとする眼差しであり、もう一つは、有名な『陶器大辞典』刊行へと結実していくような、陶磁器を美術と肩を並べる芸術作品として捉えようとする眼差しである（濱田、二〇〇六、五九頁）。そんな状況の中で民藝運動は「実際にどのようなものを選び取り、価値付けたのであろうか」（濱田、二〇〇六、六三頁）。濱田はこの問題を三種類の資料の対比によって論じている。

第一に、有力な美術商・大阪山中商会による展覧会目録付属の「日本陶磁窯所地図」（一九三四年）。第二に、民藝運動の雑誌『工藝』に掲載された「現在の日本民窯」地図（一九三四年）。第三に、商工省工務局の雑誌『工業調査彙報』に掲載された「本邦陶磁器並に陶管工業の近況」（一九三五年）である（濱田、二〇〇六、七四頁）。分析の結果、上記三つの眼差しがそれぞれ異なる窯場を選んでいることが明らかにされた。そこには、他の二つの言説とは異なる「民芸運動のまなざしの差異を見いだすことができる」（濱田、二〇〇六、七二、八〇頁）。

それでは翻って、民藝内部においては「まなざしの差異」は存在しなかったのだろうか。この点について示唆的なのは小畠の研究である。それによれば、雑誌『工藝』に掲載された「現在の日本民窯」地図（一九三四年）と『手仕事の日本』に付された地図で取り上げられる窯場の選択には微妙な違いがある（小畠、二〇〇三、五〇頁）。小畠の視点は基本的に地図の対比なのだが、これを『現在の日本民窯』と『手仕事の日本』所収の文章読解を通じて推し進めてみよう。それは、濱田によって提起された「対抗言説としての民芸」観を補完する形で、民藝内部における対抗言説を見出し、それらの中での柳個人の郷土観の特色を浮き彫りにしたい。

『現在の日本民窯』は『民藝叢書』の一冊である。九州の南端「大隅の竜門司」から始まって北上していき、「陸奥の弘前」に至る日本全国の民窯三十六の現状を執筆者十二人の分担によって概観している。元々は雑誌『工藝』第三九号の特集だったが、この本のために再編纂された（柳・式場共編、一九四二、二八九頁）。日本の窯を網羅してはいないものの、「現在の日本の民窯を代表させ得る」と柳は記している（柳・式場共編、一九四二、二五頁）。その意味では、当時の民藝運動が焼き物という切り口で日本の全体像をどう描いたかを窺い知ることができる。

と同時にこの本は共著である以上、首尾一貫した統一体というよりは複数の声が交錯する書物となっている。柳は編者代表として本書の趣旨を書き記している。「以上諸篇は十二人の筆になるので、文体や、叙述の風や、観点や、精粗は一様ではない」（柳・式場共編、一九四二、二六頁）。結果的に、『手仕事の日本』のような柳の単著からは見えにくい民藝運動の多面的な性質、敢えて言えば不協和音がそこから聞き取れる。

4 民窯＝郷土論

そもそも「民窯」とは何だろうか。まずは、官営の窯に対する民間の窯という意味だろう。冒頭に掲げられた概論「日本民窯の現状」の中で柳は民窯を次のように定義している。「民窯と云ふのはもともと官窯に対した言葉で、民衆の生活に役立つ雑器を焼く窯の総称である。（尤もこの中に資本家が焼かせるこの頃の雑器は含めない方がいい。それは全く別の範疇に入るからである）」（柳・式場共編、一九四二、八頁）。かっこ中の註記が微妙なニュアンスを伝えているのだが、それでは、なぜ「民窯」は美しい物を生み出せるのか。

出発点は、柳自身の美的経験に基づく独特の時間観である。柳によれば、焼き物通は誰でも知っているように、「古いものはいい」という経験則がある。したがって、技術面は時代と共に確実に進歩していながら、「近頃出来た品」で真に美しいものは稀だと言わざるを得ない（柳・式場共編、一九四二、七頁）。柳は「文化の『進歩』という言葉にたじろぎを感じ」る（柳、一九四一、二一二頁）。だが、そのような経験則にも例外はある。それが民窯の雑器である。

美意識に頼って制作された上等な品物が時間の流れと共に否応なく価値を下げていくのに対し、「粗物には殆ど時間がない」。高級な磁器とは違って陶器の歴史は「変化なき延長」であり、それゆえ時間の流れに抗うことができた。それはひとえに、雑器を生み出す民窯が美意識ではなく実用に奉仕するからだ。というわけで、「一番粗末にされている雑器が結果としては一番健全」であり、「人々から一番注意されない民窯が私達には一番見堪えがある」（柳・式場共編、一九四二、八―一一頁）。

柳が民窯と言う際、それはまず陶器を意味している。たとえ民間経営の窯の産物であっても、一般に磁器は高く評価しない傾向にあるようだ。柳にとって日本は「陶器の国」なのである（柳・式場共編、一九四二、一七頁）。彼は「今の磁器で美しいものは日本には絶無と云ってもいいくらいである」とまで言う（柳・式場共編、一九四二、一三頁）。「誰も知るように今日無数の磁器が伊万里を始め、京や美濃や尾張で焼ける。だが幾千万と云うその中から拾えるものは殆ど無い」（柳・式場共編、一九四二、一三頁）。このようなわけで本書では、たとえ民営であっても「有田とか九谷とか、磁器の著名な窯場」が論じられることはない（柳・式場共編、一九四二、二八九頁）。このような断言はおそらく摩擦をもたらしただろう。堂々たる産地として自他ともに認めている窯業地が一蹴されているのだから。柳にとって、郷土的なるものとしての民窯とは、単に「官窯に対した言葉」以上の何かであり、磁器ではなく陶器によって代表される。広範な流通に乗りやすい磁器ではなく、流通範囲が限られている陶器を作る窯場を民窯と捉えるこの姿勢は、民藝の郷土観の一端を示している。

5　『手仕事の日本』と『現在の日本民窯』のはざま――布志名焼の場合

このように地方の小規模な陶器窯を郷土文化として捉える視点は当たり前に見えるかも知れない。それは、「新体制と工藝美の問題」の論述で展開されたような割り切った構図、すなわち、「国際的性質」を持つ「科学的原理」に基づいている機械的生産が「郷土的な国民的な異質性」を工芸から奪ってしまったので、それを取り戻さなくてはならないという単純な構図で説明できてしまうと思われるかも知れない。

しかしながら、個々の具体例について詳しく見ていくと、事情は意外に複雑である。時と場合によっては、郷土としての陶器窯にも時代の刻印が押されることがある。「粗物には殆ど時間がない」とばかりは言えないのである。そのことを見るために、一九三一年の山陰地方における民藝運動の始まりを取り上げよう。郷土教育運動が始まった年でもあるこの年（伊藤、二〇〇八、二六三頁）、「河井寛次郎の同級生で島根県商工会議所理事の太田直行の依頼により」柳達は島根県下の工芸全般の視察を行った。また、後に鳥取県の民藝運動指導者となる吉田璋也が故郷・鳥取へ帰り本格的な運動を開始した（水尾、一九九二、一九一―一九二頁）。

布志名窯の例が象徴的である。布志名については、『手仕事の日本』でも『現在の日本民窯』でも取り上げられている。まず、『手仕事の日本』から見てみよう。「出雲の産物で是非とも記さねばならないのはいわゆる『黄釉』の焼物であります。布志名、湯町、報恩寺、母里などは皆同じ系統の窯場でありますが、中で歴史に古いのは布志名であります。黄釉というのは鉛からとる釉薬でありまして、他の窯では余り用いられません。西洋では大変多いのでありますが、日本では稀であります」（柳、一九八五、一七〇頁）。

著者の柳は、古い由来を持つ布志名窯を高く評価している。だが、その賞賛の仕方には独特の癖がある。そもそも『手仕事の日本』という本は次のような趣旨で執筆された。「その土地で生れた郷土の品物を探しに行くのであります。日本の姿を有ったもの、少くとも日本でよくこなされたものを見て廻ろうとするのであります。それもただ日本のものというのではなく、日本のものとして誇ってよい品物、即ち正しくて美しいものを訪ねたく思います」（柳、一九八五、二七頁）。この趣旨は分かりやすいが、上記の布志名の紹介では、その分かりやすさとは異なる音色が響いている。「西洋では大変多いのでありますが、日本では稀であります」という箇所がそれである。郷土の産物を称揚する文章で西洋が引き合いに出されるのは唐突にも思えるが、それにはそれなりの背景があった。

『手仕事の日本』ではそれ以上の説明がないが、『現在の日本民窯』を見ると、異なる音色の背景が見えてくる。柳達を島根に呼んだ太田直行が描く「出雲の布志名」窯盛衰の顛末がそれである（布志名と袖師の歴史については、村上、一九七二も参照)。

江戸時代の寛延元年に開窯した布志名窯は、明治に至るまで「天下有数の民窯」だった。だがこの由緒ある窯も「維新後の澎湃たる個人主義と自由経済との風潮」の中で、一八八二年頃からその輝きを失っていった(柳・式場共編、一九四二、一四〇頁)。もちろん、布志名の人々も手をこまねいていただけではない。布志名焼開祖の末裔、舟木浅太郎が、「オリーブ釉の米国向け輸出品」として「花生、コーヒー用具、蝋燭立て、時計のケースなど」を作り出し、一時大いに成功した(柳・式場共編、一九四二、一四二頁)。

しかしながら「その輸出品も米国の流行が変り、剰え独逸製の安物に圧迫されて、明治三十五、六年頃には、すっかり駄目になって仕舞った」(柳・式場共編、一九四二、一四二頁)。その後も、流行にしたがって黄釉物に専念したり、乳白色の硬質陶器に鞍替えしたり、大阪の問屋から岡山方面の土を仕入れることにしたりと、次々に新展開を打ち出して、それなりに成功したが、一九二三年頃、当時一世を風靡した「大正万古の資本力」に圧倒され、折悪しく不況も相まって、行き詰まってしまった(柳・式場共編、一九四二、一四一、一四三頁)。四日市の伝統的な焼き物だった万古焼は大正期に近代的変貌を遂げ、生産量を大幅に増やし、輸出も含めた販路を拡大していた。布志名窯はその前に為す術がなかった。

この苦境に立ち向かったのが浅太郎の孫、舟木道忠である。彼は東京の「日本美術学校洋画部」卒業後、「上手物の製作」を手がける陶芸作家として展覧会で活躍する。しかし「大正十五年の太子展に出品した白釉唐草彫文の花瓶が、総裁宮殿下の御買上に浴したのを一転機として」スランプに陥り、結局、作家としての道を諦めてしまう(柳・式場共編、一九四二、一四四頁)。だがその後、一九三一年に新たな転機が訪れる。たまたま訪れた倉敷の大原美術館でエジプトやペルシャの陶片から「大なる暗示」を受けるのとほぼ時を同じくして、島根県に民藝運動が起こったのである(柳・式場共編、一九四二、一四五頁)。これが舟木道忠の製作欲に火をつけた。

その年から、河井寛次郎や濱田庄司の直接間接の薫陶を受けるようになり、一九三一年には早くも、「一つには民藝に邁進する為めに、また二つには行き詰った経済的難関を打開する為めに」、代々続いた上手物を作る工場を閉鎖して民藝の道を選ぶという「背水の陣」を敷いた（柳・式場共編、一九四二、一四六頁）。太田の表現によれば、このようにして舟木道忠は「彼自身の、否布志名の正しい伝統」を新時代に復活させることになった（柳・式場共編、一九四二、一四六頁）。だが、その際にヒントになったのは、イギリスの古いガレナ釉と自分達の黄釉とのイメージ上の近さだった。舟木は、西洋の視点を最初から内に含んでいた民藝運動において「布志名の正しい伝統」を復活させようとしたのである。

6　戦略としての民藝——袖師焼と酒津焼の場合

このように民藝は、失われた美しい過去の復興運動というよりは、経済的な意味での「民窯の受難期」に対処する現実的必要と不可分の関係にあった。民藝への転向が、忘れられた伝統をめぐる理想主義だけでなく、経済戦略でもあったことは、同じく太田直行の描く「出雲の袖師」窯の例からも窺われる。袖師もまた、布志名と同様の試行錯誤を繰り返し、一九一四年にはタイル製造、翌年は「御大典土器を謹製」し、その翌年には「衛生箸箱」を工夫するという試行錯誤を経たあげく、一九三一年以降、柳達の指導を受けるようになって民藝の道を選ぶ（柳・式場共編、一九四二、一五〇、一五三頁）。

だが袖師窯は、直ちに民藝へ全面転換したわけではなかった。他方で、四、五人の職人によって高級な上手物も作るという道も残したのである。その理由は、「上手物の世界では、假令一流品でなくとも格落さえすれば全部製品は売捌くことが出来るけれども、民藝ではそれが利かない。のみならず、民藝品は極めて少数の人々にしか需用されず、而も夫等の人々の眼は頗る高いので、所謂及第品を作ることは仲々容易ではない（この二つの理由から民藝品は余り安く売り得ないのである）」からだった（柳・式場共編、一九四二、一五四頁）。

このような事情のせいで、布志名窯の船木道忠のようには「民藝を専攻」できなかった点に袖師窯の悩みはあった（柳・式場共編、一九四二、一五五頁）。上手物の場合には失敗作でも売り物になるのに、本来下手物であるはずの民藝の場合には失敗作が許されないというのは皮肉だが、このような逆説が課題として自覚されていた点は注目に値する。

武内潔眞が描く「備中の酒津」窯も、地方窯が等しく嘗めた苦難すなわち「近代商業主義の害毒たる粗製廉売品の進出」によって次第に販路を失いつつあった。これに抗して「大衆の関心を自分の方に引戻そうとの焦心から、伝統を破って何か新奇な技法に生きようともがいた」が、焦れば焦るほど「迷妄の淵」に沈むばかりだった（柳・式場共編、一九四二、一六三頁）。「これではいけない、今にして覚醒せしめなくては遂に衰滅の憂目を見るであろう」との危機感が高まり、一九三〇年頃から、近くの倉敷を訪れた作家達に指導を仰ぐ等の努力がなされた。その中でも最も重要だったのは柳・濱田・河井三人の協力である。「三氏は医者として病気を診察されたに止まらず、我子としてこれに保護を恵まれた」。確かに「現在の作品はまた河井氏や濱田氏の模倣に過ぎないとの非難も多々ある」が、「やがてそれが自然に鄙びた特色ある酒津焼に脱化する」のを期待しつつ、武内は筆を置いている（柳・式場共編、一九四二、一六三、一六四頁）。

このように、民藝の道を選んだ窯は柳達目利きによって発見されるのを受け身に待っていた無垢で無自覚な存在ではなかった。むしろこの選択は、失われた販路を取り戻したいという地方窯の要求と柳達の期待が一致した地点で戦略的に誕生したのである。

7　民藝をめぐる屈折――ある民窯の挫折

だが言うまでもなく、このような利害関心の一致という側面は、「無名」の価値を説く民藝本来の趣旨とは微妙にずれている。両者の一致が危うい均衡の上に成り立っていたことを示す事例がある。太田直行はその事例を単なる一民窯の紹介としてではなく、「『民窯の復活と興隆とは如何に実現すべきか』の命題」についての考察として書き記している。「それ故に個々の窯、殊に現存の人々には随分迷惑も多かろうと思うが、努めて卒直に事実を記し、併せて私の感想をも述べることとした」と言う（柳・式場共編、一九四二、一二二頁）。

太田は島根における民藝運動に力を尽くした人物だが、彼が柳と共に「工藝の健康診断」のため県内を縦走した際、新聞の地方版で紹介記事が連載された（柳・式場共編、一九四二、一二二、一二三頁）。その記事の中で柳がとある窯場を讃えたのが発端である。「場末の荒物屋」の奥で「埃だらけになって高い棚の隅か縁の下にうずくまっている」粗陶器――「今時利休でもいたら早速中から名器を撰び出すだろう」雑器の群から柳は、「卓上で紅茶の土瓶にでも使ったら誰だって見直す」に違いない飴釉土瓶を見つけ出した。「東京の数奇者なら一個二十五銭でも悦んで買うだろう」汁茶碗が「十個一括り二十五銭で買える」さまを「勿体ない」と感じる（柳・式場共編、一九四二、一二三、一二四頁）。

この記事を読んだ窯主は太田の来訪を非常に喜んで、「『必ず見捨てないで下さい』と繰り返し繰り返し頼むのだった」。それに対して太田は「『承知しました。どうか安心して父祖伝来の道を歩き続けて下さい。この窯も次第に名高くなるだろうが――私達も出来るだけ世間へ推奨するつもりだから――その時変な心を起しては駄目です。何も彼も従来通りそれを堅く忘れないで居られるなら、私達は決して見捨てはしない』と答えた」（柳・式場共編、一九四二、一二四、一二五頁）。

だが、その期待は時ならず裏切られる。その理由は、窯元が「変な心を起し」たために「次第に製品の形が崩れ釉が痩せ、剰へマンガンが跳梁し初めたからである」。さらに追い打ちをかけるような事態が生じる。一九三一年七月、新聞社支局長が「縣の内務部長に民窯熱を吹き込むのだと云って」、内務部長を連れて太田宅を訪れた。その折、その窯場が話題となって、内務部長が「神社の土産品として宣伝してはどうか」と提案した。それがきっかけとなって、陶器商がその窯で「雅物」を作らせブランド名の「刻印を押して売り出そう」と企てたのである。悪いことに新聞記者がこの話に便乗して、「斯界の権威柳宗悦氏」が絶賛した窯が新しい土産物を作り出したとキャンペーンを張ってしまった。「嘗つて世に認められなかった窯主が、俄かに有頂天になったのも無理はない」という次第である（柳・式場共編、一九四二、一二六、一二七頁）。

太田は、一つの窯が「無自覚なる伝統美」を失っていった「運命」を、「子どもの天真爛漫な美しさが成人するに従って必ず一度は破滅するように」という比喩で総括している。つまるところ自分達が「激賞し且つこれを世に紹介して破滅を早からしめたことは、所謂贔屓の引倒しではなかったろうか」という苦い自問が後に残った。しかしその一方で、もし自分達が世に紹介する労を取らなかったならば、まったく世間から忘れ去られたままで終わっただろうという思いもある。柳達がこの窯を見出した時、地元の陶器商ですらその窯のことをよく知らなかったのだから（柳・式場共編、一九四二、一二七、一二九頁）。

この窯の「運命」は単なる特殊事例ではなく「民窯、否、一般民藝にとっても、いかにそれを処置し又発達せしむ可きか」という普遍的問題だと太田は考えた（柳・式場共編、一九四二、一二八頁）。この文章に限らず本書所収の太田の文章は経済面への言及が多く、理念へと傾きがちな他の筆者達の文章と比べて異彩を放っている。

8　輸出品としての民藝――湯町焼の場合

出雲陶器株式会社の創立者・福間善蔵とその長男・定義の民藝への道を太田直行が綴った「出雲の湯町」も、理想と現実のはざまを描いている。一九二二年、善蔵は土地の有志や松江方面の資本家の協力をとりつけて、資本金一〇万円で出雲陶器株式会社を設立する。会社の全盛期すなわち一九二三年から五、六年間は、職工五〇人ほどを雇い、「北は北海道から南は九州の果てまでも直売による販売網」を張るほどだった（柳・式場共編、

一九四二、一二九、一三一頁)。

だが、布志名窯と同様、ここでも「大正万古との競争」に加えて、経済不況には勝てなかった。窮地からの立ち直りのきっかけとなったのが、民藝への「転向」である(柳・式場共編、一九四二、一三一頁)。きっかけは善蔵本人ではなく、その子・定義によってもたらされた。

一九三一年、柳・河井・濱田達との交流の中で、定義の民藝熱は高まっていき、父・善蔵もその意を受け、会社の方針転換を決意する(柳・式場共編、一九四二、一三三、一三四頁)。それまでガラス製品と張り合うほど薄くて繊細な陶器を作ってきた職人達は分厚く頑丈な民藝に対して冷ややかだったが、従来の作風では売れないという現実、他方、民藝は展覧会を開くたびに売れるという現実を前にして、次第に民藝に惹きつけられていく。そして幸いにも「偶々会社の民藝的な品が某輸出商の眼に触れ試に豪州方面へ輸出して意外に好評を博したので急に途が開け今では、輸出品の生産に忙殺されている始末である」。太田に言わせれば、民藝がこの会社を救ったのだ(柳・式場共編、一九四二、一三四、一三六頁)。その際に輸出が関わっているのが興味深い。

9　日用品か民藝か――牛戸焼の場合

吉田璋也によれば「因幡の牛戸」は、日用雑器を焼く窯であり、かつては因幡地方一円のみならず、かなり広範囲に雑器を供給していたのだが、交通機関の発達とともに、「安価にしてみかけよき美濃、尾張の焼物」に圧倒され、鳥取付近の狭い販路を支えるだけになっていた(柳・式場共編、一九四二、一五六頁)。圧倒的な流通性を持つ有名産地の磁器が在来の陶器を駆逐していく衰退の道を押し返したのが、民藝というコンセプトだった。その結果として牛戸焼は「日本最初の民藝復興の窯」という名誉を担うことになる(柳・式場共編、一九四二、一五七頁)。

ただし、民藝によって経済問題を解決しようという営みは複雑な側面も持っていた。それを示唆するのが、牛戸焼の親方職人・小林秀晴の証言である。一九三一年、吉田璋也や柳宗悦の来訪をきっかけとして民藝運動に「感激」して加わった経緯を説明しながら小林は、「算盤ずくで入ったんじゃあないだ。わしの民芸はねえ」と繰り返し強調している（上田、一九九二、一一二頁）。裏返して考えれば、当時の作り手にとって民藝が「算盤ずく」の面からも魅力的だったことを暗に示していると思う。

しかしそのような小林にとっても事情は屈折していた。彼は民藝に関わる以前、「日用雑器のお得意さん」を、鳥取市を中心として県内外に二、三〇軒抱えていた。「そのお得意さんを、裏切るようなことをしてはいけない」という考えから、「柳先生の御了解を得て」全てを一挙に民藝へ切り替えるのではなく、徐々に「日用雑器」を減らしていく道を選んだのである（上田、一九九二、一一三、一一五頁）。

民藝を作るために日用雑器を切り捨てざるを得ないという状況は、「用の美」の主張を素朴に受け取れば奇妙に思える。しかし小林にとって、日用雑器の用と民藝の美は一体であるどころか、作り手に二者択一を迫りかねない現実問題だったのである。

10　鉄道と民藝

民藝以前の牛戸焼困窮の一因は「大正年間の鉄道の開通によって他地方産品の容易でしかも大量な流入が経営を圧迫したこと」にあった。例えば一九一二年、京都と出雲今市の間の鉄道開通によって「京阪神を始め他地方との交流は深まって、美濃（岐阜）、尾張（愛知）等主要な生産地の焼物が大量に流入」し始めた。最終的に山陰本線が全通するに至り、焼き物の大産地である九州方面との物資輸送も始まって、東西両方から挟み撃ちされる危機に陥ってしまう（上田、一九九二、六八頁）。いわゆる「裏日本」としての山陰はまず鉄道敷設の遅れによって差をつけさせられ、さらに鉄道完成後も、上記のような危機に直面するという二重のハンディを負わされた。

「当時はいわゆる瀬戸物、唐津物に押されて、鳥取にかぎらず全国各地で、江戸時代の小さな地方窯がつぶれて行った」のである（牧野、一九九〇年、一〇五頁）。

山陰を含めたいわゆる「裏日本」のありようは日本近代化の過程のまさに裏面を描き出している。それを典型的に示しているのが日清戦争前の鉄道敷設状況図である。それによれば「太平洋岸は青森県から広島県まで縦貫し、北海道・九州につづいて四国にも鉄道が敷かれはじめているのに対し、日本海側は皆無。わずかに、太平洋岸への連絡線によって、敦賀が大阪と結ばれているにすぎない」（古厩、一九九七、九頁）。「鉄道は日本近代化の文字どおり機関車の役割を果たした社会資本の象徴であるが、日本海側はその建設政策の外にあったのである」（古厩、一九九七、九頁）。

その後も格差は続いた。「山陰線が京都から同県［島根県：引用者注］の大社までやってきたのは大正元（一九一二）年、山陽線神戸―三原間の開通から二〇年後のことであった。山陰線が石見地方の浜田まで行くのはさらに一〇年おくれの大正一〇（一九二一）年、下関まで全線開通するのは昭和六（一九三一）年のことであった」（古厩、一九九七、三二頁）。そしてこの一九三一年こそ、山陰における民藝運動開始の年なのである。この年、吉田璋也が鳥取に帰郷した時、民藝関連の収集品をかなり持参しており、「鳥取駅に着いた引越荷物の多いのに駅員が眼を見張った」と言う（牧野、一九九〇、七九頁）。鉄道と民藝の関わりを示すエピソードである。

11　時間と空間

鉄道の問題がそうであるように、地方窯の危機とは、時間的な連続性（伝統）が空間的な変容（大規模流通）によって脅かされるという形を取る。通常、それへの対抗戦略としては、空間に対する時間（すなわち伝統の連続性）の優位を主張しがちである。しかし柳の戦略は違っていたと思う。むしろ、空間的な視点を徹底していくことで、逆説的な形で危機に対処しようとしたのである。

民藝の「用の美」という主張自体にそういう側面がある。民藝を古い伝統ゆえに尊いとするのではなく、その実用性ゆえに尊いとする姿勢は、実用が〈今、ここ〉の問題である以上、時間軸における発想法とは言えない。「いにしえの美」ではなく、あくまで「用の美」なのである。

柳の独特の発想法は、『現在の日本民窯』の中でも顕著である。例えば柳は、「山陽山陰の民窯」概説の中で「日本の窯が朝鮮の影響を受けたことは大きく、従って朝鮮寄りの山陰道に窯が先ず発達したのは必然である」と記している（柳・式場共編、一九四二、一〇九頁）。ところが、この概説に続く各論の一つ「周防の佐野」で鈴木千代野は、佐野焼の始まりを次のように表現している。「その昔三韓征伐の途次、神功皇后は御船をこの周防の海岸に留められ周防一の宮（玉祖神社―国幣中社）に御参拝になった。その際命じて土器を焼き祭器とされた。佐野焼の起源はこれである」（柳・式場共編、一九四二、一一一頁）。

一つの民窯の起源物語を語る場合、当時はおそらく鈴木の視点の方が一般的だったろうし、現在でもそうかも知れない。それに比べて柳は古い起源にそれほど関心を持たなかったようにも思われる。岡村吉右衛門の回想によれば、柳は「徳川中期を民藝熟成期とみなし、それ以前の瀬戸・美濃物や岸嶽唐津を、古い手だね、といった形容」を用いて語った（岡村、一九九一、三二頁）。つまり、彼の視線はもっぱら近世に向けられていた。多くの柳支持者達が縄文式土器や弥生式土器に民藝の原型を求めようとしたのと対比すると、時間に対する柳のクールな姿勢が浮き彫りになる（岡村、一九九一、三二頁）。

柳の単著『手仕事の日本』が描く郷土像の特質も、空間的イメージが中心という点にある（土田、二〇〇七ａ、六六頁）。空間的な多様性・並列性それ自体に関心が向けられていて、空間的多様性の背後に、時間的構造、すなわち多様性を生み出した唯一の古い起源を求めようとする欲望はあまり強くないように思われる。民藝、少なくとも柳は空間を空間として捉え、それを是が非でも時間へ還元しようとはしない。民藝は古い時代との時間的な連続性を重視するよりも、現在進行形で直面している経済問題との関連で郷土像を構築していったのではないだろうか。しかしその点は、『手仕事の日本』だけを見ているとあまり明確には現れない。『手仕事の日本』と『現在の日本民窯』を重ね合わせることでようやく浮き彫りになってくる。

『手仕事の日本』には歴史叙述が少ないし年表もない。その代わりに地図がつけられている。だがその地図には、柳田民俗学において周圏論や「海上の道」を示す地図が内包するような時間軸が欠けている。柳の地図では明治以降の県境より江戸時代の藩の境界が重視されており、文中でも「国」という言葉を旧藩の意味で用いている場合が多いが、敢えて言えばこれが『手仕事の日本』における時間軸だろう。

「粗物には殆ど時間がない」という視点に立って柳は、地方の陶器窯を郷土的として賞賛した。それは一面では、陶器を時間の流れから取り残された不変の存在として固定的に見る姿勢である。だが同時に、連綿と続く日本の伝統という一元的な時間軸から距離を置いて陶器を評価する試みでもあった。陶器は、ハルトゥーニアンが言うような「太古の昔から存在し、都市の発展が日常生活の統一を掘り崩しつつある現代に至るまでとぎれることなく続いてきた、日本という統一体を支える日本の柱」たり得ないのである（ハルトゥーニアン、二〇〇七、一五七頁）。しかしながら柳は、陶器への注目によって日本の郷土の多様性を空間的に位置付けた。そのような思考の結晶が『手仕事の日本』であり、時間軸がない点を短所とも長所ともしている書物なのである。

他方、空間性が時間性を圧倒し始めた柳達の時代に、なぜ地方陶器窯の若者達が民藝運動に希望を見出すに至ったのか、そこにどのような空間的・経済的な対抗戦略があるのか、その舞台裏をかいま見せてくれるのが『現在の日本民窯』である。その中には、柳達の戦略の成功と困難の物語が綴られている。二つの書物を重ね合わせることで初めて、柳宗悦が描いた郷土の地図は、その理想主義的側面からは見えにくい立体的な奥行きを与えられるのである。

参考文献

伊藤純郎（二〇〇八）『増補　郷土教育運動の研究』思文閣出版
上田喜三郎著・小林秀晴（述）（一九九二）『陶工職人の生活史――民芸牛ノ戸焼親方の生涯』お茶の水書房
岡村吉右衛門（一九九一）『柳宗悦と初期民藝運動』玉川大学出版部
柏木博（一九九六）『芸術の複製技術時代――日常のデザイン』岩波書店
小畠邦江（二〇〇三）「昭和初期に記述された郷土と手仕事――山陰の民藝運動と牛ノ戸窯を事例として」「郷土」研究会編『郷土　表象と実践』嵯峨野書院所収
土田眞紀（二〇〇七a）「「手仕事の日本」にとっての京都―柳宗悦の日本文化観」『美術フォーラム21』15号、美術フォーラム21刊行会所収
土田眞紀（二〇〇七b）『さまよえる工藝――柳宗悦と近代』草風館
濱田琢司（二〇〇六）『民芸運動と地域文化――民陶産地の文化地理学』思文閣出版
ハリー・ハルトゥーニアン著、梅森直之訳（二〇〇七）『近代による超克（下）――戦間期日本の歴史・文化・共同体』岩波書店
古廐忠夫（一九九七）『裏日本――近代日本を問いなおす』岩波書店
牧野和春（一九九〇）『吉田璋也と鳥取県の手仕事』牧野出版
水尾比呂志（一九九二）『評伝　柳宗悦』筑摩書房
村上正名（一九七二）「続々古窯巡礼⑱　伝統と民芸窯――布志名と袖師窯――」『陶説』二三一号、日本陶磁協会所収
柳宗悦（一九四一）『工藝』創元社
柳宗悦・式場隆三郎共編（一九四二）『現在の日本民窯』昭和書房
柳宗悦（一九八五）『手仕事の日本』岩波書店

第5章　柳宗悦の二つの関心
――美と社会、そして朝鮮

1　三つのタイプ

柳宗悦の思想で特徴的なのは、美への関心が社会への関心と緊密に結びついているという点である。議論を単純化するためにここでは、美への関心と社会への関心との関わり方を三つのタイプに分けて、柳に近かった人々を当てはめてみる。第一に両者の関心が無関係で、美へ強い関心を抱く者が社会の問題に無関心である場合である。美の問題を社会の問題とリンクさせるのを潔しとしない峻厳な美の使徒の立場である。柳宗悦の同時代では、北大路魯山人や青山二郎がその例として挙げられる。二人とも民藝に対する痛烈な批判者だった。ただし、このような類型化で収まらない面があるのは、永原孝道『死の骨董――青山二郎と小林秀雄』を見ると分かるがここでは措く。

第二に、美への関心が社会への関心と関わるが、その関わり方が柳と違う場合である。例えば、和辻哲郎、小林秀雄、保田與重郎が挙げられる。このタイプは、時局に対する距離の取り方が柳とは異なっていた。彼らは柳と同時期に、日本的美をめぐる思想的考察を展開した。和辻はほぼ同時代を生き、大学も同じくした。青山二郎の薫陶を受けて骨董にのめり込んだ小林は民藝の展覧会に足を運んだこともあったし、保田は柳達と旅を共にした（一九三九年の柳達の沖縄旅行に同行した保田と「柳との距離を測る」視点については、伊藤、二〇〇三、一四六―一五五頁を参照）。

第三は、柳のようなタイプである。キリスト者であり倉敷紡績の二代目社長だった大原孫三郎（一八八〇―一九四三）が代表的である。彼は、日本初の西洋美術館として大原美術館（一九三〇年開館）を創設しただけでなく、「民芸運動の最大の財政的支援者であり、柳が民芸館を建設することが出来たのは、大原の資金援助によるものであった」（中見、二〇〇三、三五二頁）。他方彼は社会問題・労働問題に関心を持ち、大原社会問題研究所や倉敷労働科学研究所を創設した。「大原社会問題研究所がマルクス主義の研究に傾注し過ぎたために、孫三郎は、度重なる警察の干渉や世間の批判を受けたが、同研究所の高野岩三郎所長には一言の文句も苦言も漏らさなかった」（兼田、二〇〇三、二八三頁）。このような頑固さは柳の反骨精神と似ている。そして、美術館への情熱と社会問題への関心が両立していた点に第三タイプの特徴が表れている。

2　朝鮮陶磁と同時代

柳が美への関心と社会への関心を結びつけるようになったきっかけは、朝鮮陶磁とりわけ朝鮮白磁（かつての呼び名では「李朝白磁」）との出会いと、その結実としての朝鮮民族美術館の設立にあった。植民地支配の時代、元々朝鮮王宮だった場所に、民族という名を冠した美術館を造ることはそれ自体、美的以上の何かを意味していた。

だが注目すべきは、第一タイプの北大路魯山人や青山二郎、第二タイプの小林秀雄も朝鮮陶磁への愛好という点では同じだったという点である。朝鮮に対する美的な眼差しは柳特有ではなかった。青柳恵介によれば、小林は一九三八年（一説には一九四一年）頃から骨董に熱中し始めたが、一九三九年、朝鮮から「満州」へかけての二度目の旅行の際、慶州の佛国寺・石窟庵を訪れている。さらに一九四〇年、「文芸銃後運動」の一環としての講演旅行で、朝鮮・「満州」へ赴き、翌一九四一年の朝鮮への講演旅行で再び石窟庵を訪れており、ソウルでは、朝鮮民族美術館創設に加わった浅川伯教を訪問している（青柳、二〇〇二、一〇〇―一〇六頁）。また、保田與重郎も一九三五年発表の文章「佛國寺と石窟庵」で、石窟庵訪問について書き残している（保田、一九九九）。

柳が石窟庵を訪れたのが一九一六年である。水尾比呂志によれば、「新羅の景徳王十年（七五一）、宰相金大城によって、佛国寺第三回重創とともに創始された石窟庵は、久しく忘れ去られていたのを、明治四十四年偶然に郵便局員により発見されたと言う。大正二年から四年にかけて、朝鮮総督府が修復したけれども、窟外の周囲に築かれた石垣は、新たな毀損だと宗悦は感じた。『石佛寺の彫刻に就いて』を彼が発表したのは、もとより石窟庵の佛像の類希な美しさを、いまだ知る人とて少い世間にひろく紹介して、東洋の美への認識を喚起せんがためであったが、そのような無知な修理への憤りも一因をなしていたと思える」と言う（水尾、一九九二、六三頁）。石窟庵訪問の三年後に柳は、植民地支配への抗議である三・一独立運動を取り上げた文章「朝鮮人を想ふ」を発表する。

柳の朝鮮に対する美的礼賛は、同時代の社会的政治的事件への関心と隣り合っていた。美的関心と社会的関心を結びつけた上で、翻って当時の日本社会の有り様を批判するそのような視点を彼が獲得できたのはなぜか。筆者の考えでは、要因の一つは、柳が新しい（言い換えれば近過去の）事物や出来事に対して強い関心を持っていた点にある。石窟庵自体は非常に古い。だが、そのような古物に向き合った時ですら柳は最近の修復のやり方に目を向けている。また後年、民藝に開眼した後の彼は江戸時代後期という近過去の工芸に美を見出していった（熊倉、一九七八、八七頁）。

近代化に邁進する当時においても、古い日本の美に対する関心を持つ者はいた。例えば、和辻のいくつかの著作は古代日本の美への賛歌だったし、小林や保田にとって古い日本の美は、彼らの思想を結晶化させるための重要な触媒だった。古美術・骨董の世界では、古さが意味を持つのは当然だろう。それにひきかえ、江戸時代後期のような近過去の産物はそれほど美的関心を引き起こしていなかった。明治維新以後の日本にとって江戸時代は、否定し克服すべき対象だったと言えよう。ちょうどルネサンスにとって中世がそうであったように。ところが柳は、身近でありながら誰も目を向けようとしなかった時代の産物に注目したのである。

そして彼の注目は単に目新しい掘り出し物の発見ではなく、一つの思想にまで高められた。その結果、民藝の蒐集対象は近過去の物が中心となったのである。第一や第二タイプからすれば、これは美の世界を不必要に狭めてしまう態度として批判されるだろう。第一タイプからすれば、柳達の姿勢は豊穣な美の世界を切りつめてしまったと見えただろうし、第二タイプからすれば、民衆の中に古代日本人が入っていないのはおかしいと感じたかも知れない。しかしながら、この狭さこそが美と社会の関わりについての独自な座標軸をもたらしたのではないだろうか。

翻って考えてみると、柳と同じ第三タイプの大原が造った美術館の初期コレクションが（大原自身の鑑識眼ではなく、彼の意を承けた児島虎次郎の蒐集によるが）「当時の現代フランス絵画が中心であった」のも示唆的である。新作であるがゆえに、権威筋の評価はまだ確定してはいなかった。児島は「画商に頼らず、自ら画家のアトリエを訪ねて直接作者と交渉するなどして購入した」。彼は市場価値を経由せずに同時代の作り手と直接に向き合った。美術館設立に先立つコレクション展が日本で反響を巻き起こしたのは「フランス現代絵画のこれほどの規模の展覧会が、それまで皆無だったからである」（井上、一九九八、八七、八八頁）。柳と大原の共通点は、同時代としての現代に目を向けたことにある。

柳の近過去の物への関心は自ずと、物の作り手とその生活に対する関心へつながっていった。古代遺物に強い関心を抱いたとしても、現在との間に大きな時間差があるため、その作り手の存在に現実感を抱くのは難しい。極端に言えば、作り手の生活等一切考えずに物を賛美することも可能である。

だが、新しい物の場合はそうはいかず、物の背後には常に作り手と生活が透けて見える。このような視点からは自然と、現在や未来への関心が生じてくるだろう。柳にとっては、「新作民藝」という未来志向の活動がそれに該当するだろう。そしてさらに、今の社会において工人の生活がなぜ困難なのか、どういう社会ならば暮らしが成り立つのかという問題意識がそこから生じてくるのも不思議ではない。

3　死の思考と生の思考

他方で小林秀雄は、死んでしまった人間ほど確実なものはないという死の思考を深めていく途上で、古い時代の工芸と出会った。永原孝道によれば、「小林秀雄にとって論ずるに値する骨董とは、何よりも死者の遺した優れた形や色や質感であった。骨董に慣れすぎた好き者達はすぐに忘れてしまうが、骨董品とはことごとく死者達の器物なのであり、伝世、発掘を問わず、すべていわゆる形見なのだ」。このような小林の眼差しは、近代的骨董観の王道ではなく、むしろそれを逆なでしていると永原は言う。すなわち「明治維新以降の近代的な骨董の最大の特徴は、伝統的な死穢の恐れを忘却したところにある。発掘品や副葬品を平然と座遍に置くことは、崇拝すべき神仏像を美術品として見るようになったこと以上に、大きな認識の枠組の変更であった。すっかり死の影が除かれ、鑑賞や愛玩、蒐集や売買の対象になった骨董に、小林は逆に、先祖帰りしたように死の影を見ようとする」。このように骨董には、決して取り返せない過去の刻印が押されている。それに対して「今出来の新物とは、鑑賞にも観察にも堪えない、骨董になりつつある一種の未完成品」に過ぎない。したがって「小林秀雄の骨董には、近代数寄者の道具茶にも民芸にも鑑賞陶器にもない、濃く不吉な死の影が落ちることになる」（永原、二〇〇三、一五一、一五二、一五四頁）。

このような「死の物質化としての骨董」という考え方と比べて、柳の考え方はどうだったか。当の永原は、柳にとって朝鮮白磁とは、植民地支配の過酷な現実と柳個人の肉親の死という二重の「流血と死にまとわりつかれたもの」だと指摘し、それが「やがて決定的に失われた過去、滅び去ったすべてのものの表象である『故郷』へとすり替えられて」いき、「負い目からノスタルジアまで、ありとあらゆる過剰な感情の美的な依り代」となってしまったと批判している（永原、二〇〇三、四一頁）。

だが、柳の朝鮮白磁への関心が新しい物への関心だったのを思えば、それはむしろ生の思考ではなかったろうか。近代的骨董観による死の排除（と、それに伴う、発掘の名の下で行われる審美的な搾取）に対して柳は、死の思考を徹底して押し進めた小林とは別のやり方で批判した。死せる墳墓ではなく、最近作られた生活用具を扱う古道具屋の店頭に眼差しを向けたのである。そして、今を生きる荒物屋の店頭が民藝蒐集の最前線となっていった。

このように、新しい物に対する関心は生活や社会への関心と結びつきやすい性質を持っているが、柳の生きた時代にはそれ以上に、政治的意味合いも持っていた。例えば、一九二二年、朝鮮総督府建設のために朝鮮王宮の正門だった光化門を取り壊そうとする動きに対して柳は批判を発表したが、それは必ずしも光化門が古いゆえではなかった。光化門は新しいがゆえにその作り手達の記憶もまだ消えてはいないのに、破壊しようとするのはひどい話ではないかと柳は批判した（竹中、一九九九、二〇二頁）。

少し後の一九二六年、「朝鮮美術史研究家に望む」において柳はまず、高句麗時代等の古い古墳発掘のニュースに日本人が関心を寄せている事実に言及する。ところがその一方で、地下ではなく地上にある新しい文化に対する無神経な破壊を日本人自らが行っているではないか。「偉大なものは過去のものばかりではない」と彼は言う（柳、一九八一、二四一―二四五頁）。このように柳は、物への関心と作り手の生活への関心を切り離した上で古い物を賛美する日本人達の姿勢を批判した。

4　環境問題をめぐって

翻って、現在の私達について考えてみよう。今日、柳が批判した二つの関心の分離は克服されたと言えるだろうか。この点を考察するための一つの手段を考えてみよう。それは、民藝に関わりを持つ人々にアンケートやインタビューを行い、現在の社会問題にどのような関心を持っているかを調査することである。割り切った見方をすれば、光化門の問題はあくまで柳個人にとっての同時代問題だった。現在には現在なりの同時代問題があるはずである。

例えば、現在日本で消費される安い大量生産品の多くが日本以外のアジアで生産されているという事実をどう受け止めるべきなのか。かつて柳は植民地支配下のソウルで、日本の安価な焼き物が朝鮮の焼き物を駆逐していく様子を目撃した。柳の精神の継承とは現在および近過去への眼差しを持ち続けることなのだろうが、現在の私達にとって、柳にとっての光化門や朝鮮白磁に相当する物とは何だろうか。もし柳が今生きていたならば、何に心を奪われるだろうか。

また、これとは逆に、社会に関心を持つ人々が美への関心を持つことも重要だと思われる。例えば、環境運動に関心を持つ人々はどのような美的関心を抱いているのだろうか。環境社会学の鳥越皓之が柳田國男の根底にある発想を明らかにしようとした著書『柳田民俗学のフィロソフィー』によれば、柳田には「村を美しくする計画などない。良い村が自然と美しくなっていくのである」という趣旨の言葉がある。柳の美的規範学と自らの客観的民俗学を峻別しようとした柳田にもこのような美学があり、それは現代においては環境問題と関わってこざるを得ない。鳥越はさらに、「自然というものは見て楽しむものだし、自然そのものが持っているよりも、もっと華やぎを与えることをしてもよいことだという考え方が柳田などにはあるように思います」とも述べている（鳥越、二〇〇二、二二、二六頁)。ただし鳥越はまた、「人間が関与すればよい、と単純にいっているのではない。中央の美観に追随することの問題を柳田は指摘していた」とも記している(鳥越編、一九九四、二三頁)。

より身近な例で言えば、環境運動家達はどんな器を用い、どんなインテリアの中で暮らしているのだろうか。ユニバーサル・デザインの問題もこれと無関係ではない。藤田治彦が「環境芸術としてのデザイン」を論じる際に、柳の「雑器の美」(一九二六年)を参照しているのも示唆的である(藤田、一九九九、二一五頁)。美と社会の間には多くの媒介項があり得るだろうが、それらの中で、現代的課題としての環境はとりわけ大きな位置を占めているように思う。

5　一九世紀のモリスと二〇世紀の柳

柳にとっての転換点としての朝鮮との出会いとは、異文化との出会いであると同時に、近過去との出会いでもあった。それ以後の柳は目を転じて、国内の民藝を中心に活動を展開することになる。見方によっては、朝鮮への関心は一時的だったのかも知れない。しかしながら、朝鮮との出会いで柳が得た姿勢すなわち、美への関心と社会への関心を結びつけるという姿勢はその後も維持され続けた。その意味で朝鮮への関心は、終生続く思考のエンジンだったのではないだろうか。

異文化との出会いが自文化・自社会の批判的理解へ結びつくという筋道を柳は辿った。それでは、工芸における「アーツ・アンド・クラフツ」運動で知られるウィリアム・モリスの場合はどうだったのか。多くの点でモリスと柳は似ていると言われるが、モリスの場合、柳にとっての朝鮮に相当する地域はどこだろうか。

例えば、「オスマン・トルコの混乱に乗じた欧州列強の干渉によって生じた一連の国際紛争」である「東方問題」がモリスにとって持った意味を、この視点から見ることも可能だろう。藤田治彦によれば一八七〇年代中頃、「モリスはイギリスが、ブルガリアのキリスト教徒を迫害するトルコと戦うのではなく、バルカン半島に勢力を拡大するロシアの脅威に対抗するためにそれを支援する側にまわるという非人道的政策に対して、初めて政治的行動を起こした。保守党総裁ディズレイリの対外強硬論と戦争政策に反対する運動に参加したのである」。そして、このことはいわゆる「反修復運動」の展開と無縁ではない。

イギリスの「トルコ駐在公使エルギン伯トマス・ブルースによるパルテノンの建築彫刻、いわゆるエルギン・マーブルズの持ち出しなども、そのような東方の混乱に乗じたひとつの事件」である。「東方問題」のただ中で死んでいったロマン主義詩人バイロンはその詩作品の中で、エルギン・マーブルズの持ち出しを批判すると同時に、「頑丈そうな中世の僧院の点検に呼ばれるやいなや新築図面をつくって古い建物を引き倒し、それを『修復』と主張してはばからない建築家」をも批判している。

「東方問題」と修復問題の両方に心を奪われたバイロンによる批判は「モリスの古建築物保護協会による運動と東方問題協会での政治活動を想起させる」と藤田は言う。「モリスは、いわばギリシア・ローマに背を向け、ケルトの地に向かったドン・ジュアン、あるいはチャイルド・ハロルドだったのである」。そしてモリスの思想と活動は後々、「イギリスの歴史的環境の保全運動の中核」として受け継がれていく（藤田、一九九六、九六―九八、一一七頁）。

このような一八七〇年代のモリスを、一九二〇年前後に石窟庵と光化門に心を奪われた柳宗悦と重ね合わせてみたい。モリスの中世賛美という時間軸上の遡行は、「東方問題」という同時代の空間的他者への関心に裏打ちされていた。同様に、柳の前近代への賛歌は、同時代の朝鮮という空間的他者への関心と密接に結びつく。そこには、空間的他者の問題を時間的過去の問題に還元しかねない危険性があったのは事実である。だがこの危険性は、美と社会の両方に関心を持つ者にとっては、現代においても容易には回避できない落とし穴だと思われる。

もちろんモリスと柳では、生きた時代と社会が異なるのだから、同列には論じられないのかも知れない。しかしながら、それぞれの時代と場所でそれぞれのユートピアを構想した二人が、二つの関心をどのように結びつけていったのか、その際に特定の場所に対する想像力がどのように発揮されたのかを比較の視点で見ることは、今後も検討するに値する課題だと思う。

参考文献

青柳恵介（二〇〇二）「小林秀雄と骨董」白洲伸哉編『小林秀雄　美と出会う旅』新潮社所収
伊藤徹（二〇〇三）『柳宗悦　手としての人間』平凡社
井上太郎（一九九八）『大原總一郎――へこたれない理想主義者』中央公論社
兼田麗子（二〇〇三）『福祉実践にかけた先駆者たち――留岡幸助と大原孫三郎』藤原書店
熊倉功夫（一九七八）『民芸の発見』角川書店
竹中均（一九九九）『柳宗悦・民藝・社会理論――カルチュラル・スタディーズの試み』明石書店
鳥越皓之編（一九九四）『試みとしての環境民俗学――琵琶湖のフィールドから』雄山閣
鳥越皓之（二〇〇二）『柳田民俗学のフィロソフィー』東京大学出版会
永原孝道（二〇〇三）『死の骨董――青山二郎と小林秀雄』以文社
中見真理（二〇〇三）『柳宗悦――時代と思想』東京大学出版会
藤田治彦（一九九六）『ウィリアム・モリス――近代デザインの原点』鹿島出版会
藤田治彦（一九九九）『現代デザイン論』昭和堂
水尾比呂志（一九九二）『評伝　柳宗悦』筑摩書房
保田與重郎（一九九九）『保田與重郎文庫２　英雄と詩人』新学社
柳宗悦（一九八一）『柳宗悦全集　著作篇　第六巻』筑摩書房

第6章

柳宗悦と朝鮮陶磁

——茶道の継承と批判という視点から

1　はじめに

二〇世紀の前半に朝鮮半島の美術工芸に目を向けた先駆者達を紹介した韓永大『朝鮮美の探求者たち』を読むと、朝鮮の焼き物への愛好という点で柳宗悦は決して孤立した存在ではなかったのが分かる。例えば、独・英両文で『朝鮮美術史』（一九二九年）を著したアンドレ・エッカルト、同じく一九二九年に朝鮮陶磁を蒐集し始めた朴秉來等の同時代人の活動がそのことを鮮やかに示している。

だが、この三人の目の付け所はそれぞれ異なっていた。例えばエッカルトは高麗王朝時代（九一八—一三九二）を高く評価しつつ、朝鮮王朝時代（一三九二—一八九七）の陶磁をあまり評価しなかったし、朴秉來にとって日本の茶道的な美意識は無縁だった（韓、一九九二、二〇〇七、二三一頁。加藤、二〇〇〇a、四〇頁）。柳の特徴を理解するためには、これらの違いについて考えねばならない。

2　忘れられた論点――一九二二年から一九八一年まで

一九二二年九月二五日に日本の出版社・叢文閣より刊行された柳宗悦の『朝鮮とその芸術』は、一九七四年に、李大源によって韓国語に翻訳され、『韓国とその芸術』という題名で、ソウルの知識産業社から刊行された（柳、一九八一、六八〇頁）。これを含め、この著作の韓国語訳は「今までに7種出版された」（加藤、二〇〇〇b、二五三頁）。

この本には、「李朝陶磁器の特質」という文章が収められており、その末尾に、「著者は読者が李朝窯の為に献げられた雑誌『白樺』（十三ノ九）特別号を、座右におかれる事を希望する」と附記されている（柳、一九八一、一六六頁）。この特別号とは、『朝鮮とその芸術』の刊行直前、一九二二年九月一日に発行された雑誌『白樺』第十三巻第九号の別冊のことである。そもそも「李朝陶磁器の特質」は、この『白樺』別冊に収録されていた。この文章は次いで『朝鮮とその芸術』に収録された後、同年一〇月にソウルの「週刊新聞『東明』の一ノ七より朝鮮語訳が連載された」（柳、一九八一、七〇一頁）。つまりこれは、韓国人の柳宗悦像形成にとって重要な文章だったと言える。

ところが実は、この『白樺』特別号に柳が書いた文章は「李朝陶磁器の特質」だけではなかった。他にも、李朝陶磁の模様や技法について細かく論じた「李朝窯漫録」と、特別号を出した意図について説明した「編集餘録」があった。どちらの文章も、一九八一年に『柳宗悦全集　著作篇』が刊行されるまで再録されていない（柳、一九八一、七〇二頁）。その後、ようやく一九八四年になってから、一九二〇年から一九三四年までの柳の朝鮮論を集成した高崎宗司編『朝鮮を想う』の中に収録された（柳、一九八四、二六一頁）。さらに一九九六年になって、この『朝鮮を想う』が沈雨晟訳で韓国語に翻訳された（加藤、二〇〇〇b、二六六頁）。その意味で、これら二つの文章は比較的最近まで韓国でも日本でもあまり知られていなかった。

もちろん、「李朝陶磁器の特質」とこの二編とは同じ号に同じ柳が書いた文章なので、基本的趣旨に大きな違いはない。だが「編集餘録」には、「李朝陶磁器の特質」では言及されていない一つの論点が含まれていた。「編集餘録」の冒頭に特別号発刊の意図が六点にわたって列挙されているので、まずその全てを紹介しておこう。

「此号を出すには色々の抱負があった。第一は李朝の焼物が支那《ママ》の影響以外に、独歩の価値を持たぬと云う粗雑な概念を訂正するにある。第二には李朝は末期であって堕落しきって焼物にも殆んど見るものがないと云う無謀な断定を打破するにある。第三はまだ李朝窯に関する之と云う文献がないから、その最初のModerateな試みを企てるにある。第四は朝鮮のものと云うと高麗のものか、又は茶人に好かれる茶碗類とか云うものに過ぎなく、李朝の磁器にどんなものがあるかと云う事を一般の人が知らないので、其最初の紹介をしようとしたにある。第五には従って挿絵を充分に入れ且つ選択に注意を払う様に心掛けた。選択は大体歴史を頭におき、最も多く芸術的価値の多いものを主にする事にした。之は吾々の主張を明かにする上に必要な事であった。従って種類とか、形とか模様とかを主にする事は今度は従にした。写真の枚数は雑誌が許す最高限度にした。第六に之が啻に李朝の陶磁器に対する吾々の尊敬の表示であるのみならず、その民族に対する情愛の披瀝であるのは云うを俟たぬ」（柳、一九八一、二一八頁）。

以上六つの論点のうち、四番目が「李朝陶磁器の特質」にはなかった論点である。第四点の前半部分、すなわち、朝鮮のものというとすぐに高麗のものを連想するという指摘の背景として言えることは、当時、国際的に見ても、朝鮮陶磁（朝鮮王朝時代の陶磁。かつて日本では「李朝陶磁」と呼ばれていた）は高麗青磁（高麗王朝時代の青磁）と比べはるかに低く評価されていたという事情が挙げられる。そのことは、柳達と同時代に日本的美のあり方について見解を争ったライバルである陶磁研究家・奥田誠一が朝鮮陶磁の「悪口」を言っていると、同じく「編集餘録」の中で柳が指摘していることからも窺われる（柳、一九八一、二一八頁）。

第四点の後半部分で言及されている日本人の傾向、朝鮮の焼き物というと「茶人に好かれる茶碗類」を思い出すという点について考えるためにはまず、日本における茶道の美意識について概観する必要がある。

3　茶道の美意識――高麗茶碗と歴史

一九六七年に刊行された『裏千家茶道教本』によれば、茶碗の種類は以下のように分類される。まず、「そもそものはじめから茶の湯の茶碗として造られた」楽焼茶碗がある。次に唐物茶碗である。「唐物と呼ばれるものは一段と高位に置かれて、尊敬され珍重されているのである。それは遠く中国・朝鮮・外地で制作され、年代も古く、交通の不便な時代に舶載されたので、品物の数量にも乏しく、それを獲得するのに庶民の手のおよびがたいところに伝承されてきたからである」という（佐々木、一九六七、三八―三九、七三頁）。唐物茶碗のうち朝鮮で作られたものが特に「高麗茶碗」と呼ばれる。さらに、日本各地の諸窯で作られた国焼茶碗があり、その中には、京都近郊で焼かれた京焼等も含まれる。

高麗茶碗は名前の印象とは異なり、朝鮮王朝時代に作られた焼き物である。こうなった理由は、この名称が日本側でつけられたためだ。ならば、韓国の陶磁史上では、日本でのいわゆる高麗茶碗はどのように位置付けられるのか。

片山まびによれば「高麗の一四世紀中葉頃、青味を帯びる青磁は姿を消し、褐色を帯びる青磁が登場する」。これが朝鮮王朝時代前期に開花する粉青沙器へと変貌していく。ただし、その装飾技法は高麗青磁とは大きく異なっている。すなわち「粉青の装飾とは、高麗青磁の主たる装飾技法であった象嵌技法が、徐々に筆で文様をあらわすものへと変わり、白土装飾によって色調が褐色から白色へと変わっていく過程としてとらえることができる。大きくみれば、青磁から白磁への長い葛藤段階ともいえよう」。「一四二〇年代をすぎると、陶磁器にも新しい統制が加わり、新王朝にふさわしい形式が確立される。印花は小さな菊花形など細かな文様の集合体となり、器面を白く飾る端正な形式を確立する」。

「一四六〇年代に京畿道広州に御器（王の器）を専門に焼造する官窯が設置されると、白磁が陶磁器の主役となる。粉青は統制をときはなたれ、自由かつ大胆に変化をとげる。印花はしだいに刷毛で白土を簡略に塗る刷毛目となる。面象嵌はさらに白さを増し、掻落は線刻と呼ばれる篦などで文様をきざむものとなる。またこの頃から、忠清南道公州郡鶏竜山山麓を中心に、鉄絵具で自由奔放に文様を描く鉄絵が登場する」。「粉青の最末期を飾るものは、一六世紀後半頃に顕著となる粉引である。粉引とは、白土液に器を浸して全体を白くするものであり、粉を引いたようであることから、日本では従来から粉引・粉吹と呼ばれている。粉引は、白磁へのあこがれが強まったことをうけたもので、白磁の代用を果たした」。「一六世紀末頃には粉引も白磁にその席をあけわたし、粉青はここに終焉を迎える」（片山、二〇〇〇、六—九頁）。

これ以降が、韓国併合まで続く朝鮮白磁全盛の時代である。粉青から白磁に至るまでの過渡期の陶磁が日本へもたらされ、茶人達によって高麗茶碗と呼ばれるようになった。このようなわけで、刷毛目や粉引という言葉は高麗茶碗の分類で使われる用語である。

茶人達が高麗茶碗に魅了されたのは、初期の粉青沙器が示した「端正さ」ではなく、統制を離れて以後の粉青沙器が示した「破格の美」のゆえだった。このような眼差しが日本で代々継承された結果、「白磁の代用」に過ぎなかったはずの粉引が、「白磁よりも高い次元の美意識をあらわしている」として評価されるようになったのである（片山、二〇〇〇、七—八頁）。

このようにみてくると、村田珠光（一四二三—一五〇二）・武野紹鴎（一五〇二—一五五五）・千利休（一五二二—一五九一）ら茶人達にとって高麗茶碗とは「同時代」の産物だったことが分かる（林屋・伊藤、一九八八、四四頁）。このようにして、同時代の眼で発見された高麗茶碗は茶道において重要な位置を占めている。すなわち「茶道初期の茶碗は中国の天目とか青磁や白磁であったが、織豊時代からわび茶が主唱され、高麗茶碗が導入されて、それにとって代わり、以来今日までもその勢力は微動もしていないのである」（佐々木、一九六七、八六頁）。

このように高麗茶碗とは、ある時期にある国から輸入された焼き物の総称であるため、その種類は多様であり、それらを受け容れて使う側で、その形態や釉薬の違いに従って、作り手からすれば体系的ではない分類法によって様々な名前がつけられてきた。そのせいで、分類上の名前と歴史上の位置付けの対応関係が錯綜している。

谷晃によれば、茶碗の分類名称に見られる「茶湯の世界独特の、ものごとを明確・正確に表現せずに、非常に含みの多い言い回しを好む体質」の問題に加えて、「東洋陶磁の研究者の多くがいわゆる茶陶に対しては不可侵の領域として踏み込まず、たとえ手がけたとしても、江戸時代以来から続く茶湯の価値観や分類法を踏襲して、陶磁器の見分け方と観賞、すなわち茶湯の言葉にしたがえば〝目聞〟と〝作行〟を重視したため、普遍的な価値をもつ研究業績はさほど蓄積されず、個人的な経験の積み上げに終始した傾向があったことは否めない。一時期は民芸運動の観点から朝鮮陶磁を再評価しようとした柳宗悦の主張があったものの、右記の弊をぬぐいさることはできなかった」。そのことと対応するように、韓国の研究者の間でも、日本で言うところの高麗茶碗を「一括して表現する呼称」は、少なくとも一九九五年の時点では未だ定まっていなかった（谷、一九九五、二八、四二頁）。

谷晃が様々な「茶会記」における高麗茶碗の登場回数を調査した結果によれば、高麗茶碗は時代順に三つのグループに分けられると言う。第一群は、「高麗茶碗が茶会記に最初に現れた一五三〇年代、あるいはそれ以前から一六〇〇年頃までに日本へ入ってきたもの」で、「朝鮮の伝統的な窯で、朝鮮の土を用い、朝鮮の陶工により、朝鮮の民衆の使用に供するために製作されたもの」である。日本での分類名称で言えば、三島・井戸・白高麗・割高台の類で、「日本人からの指示や影響を受けずに作られていたものがたまたま日本に持ち込まれて、茶碗として取り上げられた」。

第二群は、「己酉条約が締結されて日朝間の国交が回復した一六〇九年以降、一六六〇年代までに日本へ入ってきたもの」で、第一群との共通性も少なくないが「日本からの注文にもとづいて製作したものが多いと推定され、朝鮮の民衆のためではなく、日本での使用を念頭においている点が異なる」。ととや・堅手の類である。

第三群は、「その多くは対馬藩が草梁の新倭館内に築いた窯で対馬藩が本格的に茶碗生産に乗り出した一六七八年（延宝六）以降に、日本からの注文を受けて焼成したものであり、制作に従事した職人も現地で雇用した朝鮮人であるから朝鮮産の茶碗であることには間違いないものの、日本からの注文を受けて、日本人の監督下において制作・焼成されたものであるから、これを本来の朝鮮産陶磁と同列にみなすわけにはいかない」。この生産は「草梁倭館での釜山窯経営を対馬藩が断念した一七一八年前後まで」続く（谷、一九九六、一二一―一四頁）。

第三群は、日本からの注文者の変遷に従って時代順に、「古田織部と同時代の発注とみられる御所丸・金海・彫三島」「織部と小堀遠州の両時代にまたがる伊羅保」「遠州の注文にはじまる御本」等に分類される（小田、一九九九、七七頁）。このうち、御本茶碗の命名の由来は、「寛永十六年の幕府における大福茶の茶碗として、遠州の指導で造形され、三代将軍家光公に鶴の絵を依頼してこれを型にし、前後に押して白と黒の象嵌を施したもので、御手本ではじまったことから御本とよばれるようになった」（小田、一九九九、一三五頁）。この名称は日本からの発注品という第三群の特徴をよく表している。

要するに第一群と第二群は、「朝鮮で何かの目的でつくられたものを日本で茶碗に取り上げた」のに対して、第三群は「全く転用品がなくなる」という点で質的に異なる（小田、一九九九、七七頁）。第三群の時代の特徴は、「利休が再評価され、利休への回帰が説かれる」ようになったという点にある。しかしそれはまた、「茶の湯の実態は利休回帰を説かねばならないほど、本来の姿、つまり侘数寄とはかけ離れていたということでもある」。その意味では、第三群は第一群とは同列に論じられないはずだ。だが、第一群から第三群への美意識の変貌は日本人自身によって肯定的に受け止められてきたために、第三群の茶碗に対しても「現在の茶の湯における評価は高い」（谷、一九九八、三〇頁）。

つまり、現代へ至るまで長い歴史を持つ日本の茶道の美意識は、朝鮮王朝時代の焼き物と深い関わりがあったものの、朝鮮王朝の中・後期を代表する朝鮮白磁との関わりは薄かったのではないだろうか（本書では、議論を単純化するために、白磁という用語を、学問的に厳密な意味ではなく、青華白磁等も含めた広い意味で用いている）。

朝鮮陶磁の時代区分については諸説あるが、本書では、前・中・後期の三期に分けるやり方に従うことにする。すなわち、前期は、建国の一四世紀末から「壬辰・丁酉倭乱」の一六世紀末までで、白磁・染付、まれに青磁が生産され、とりわけ粉青沙器が大量に作られた時代である。中期は、一七世紀中頃から一八世紀中頃までで、倭乱後の暗黒期を脱し、金沙里窯（京畿道広州郡）が開かれた時代である。そして後期は、分院里官窯（京畿道広州郡）が開窯して以後の時代である（出川、一九九九、八〇頁）。

「李朝陶磁のなかでも、日本に将来されたのは、広州の官窯が焼いた白磁や染付ではなく、刷毛目などいわゆる三島手の陶器や半島《ママ》南部で作られた雑器的な器だった」（林屋・伊藤、一九八八、四四頁）。「この偏った受け入れ方」に茶人の美意識が現れている。常石英明によれば、「日本の茶人達がこの様に愛好する作品は、朝鮮の民窯全部に及んでいるという訳ではなく、或る時代、即ち豊臣秀吉の朝鮮の役（一五九七）頃以前の作品に限られている」（常石、一九九一、一二一頁）。

実際、茶道における茶碗の分類法だけを見ていると、朝鮮王朝における焼き物の歴史は粉青沙器から始まって、一七一八年にプサン・草梁の倭館内の窯が閉窯になる時点で終わってしまうかのような錯覚に陥る。もちろん、茶道における茶碗の分類はあくまで道具としての分類であって、必ずしも歴史的観点に従う必要はないのだから、茶道に責任があるわけではない。しかしながら日本文化全般への茶道の深い影響力を考えると、それが日本人の朝鮮王朝観に何らかの偏りをもたらした可能性について考えてみる必要はないだろうか。

4　二重の排除――美とその外部

以上のように、柳と同時代の日本の一般的美意識では、茶道の世界を中心として、高麗茶碗と呼ばれていた朝鮮王朝時代前期の焼き物が確固たる地位を占めていた。その一方で、秀吉による侵攻以後の時代、すなわち朝鮮王朝時代中・後期の陶磁（白磁がその代表）は、日本では一般的に美として認識されていなかったのである。確かに、同じ時代の御本茶碗は日本で愛好されていたが、日本からの注文品という性格上、朝鮮王朝社会に根ざした焼き物とは言いにくい。既述の『白樺』特別号は、朝鮮王朝中・後期に関心を向けなかったという日本人の美的枠組みに対する異議申し立てとして位置付けうるように思われる。

柳が着目した朝鮮王朝中・後期の白磁は、それが高麗王朝時代のものでないという理由、および、朝鮮王朝時代前期の焼き物（と、その継承である御本茶碗等）ではないという理由――これら二重の理由で、日本人の美的評価から排除されていたことになる。柳は、この二重の排除に対する挑戦を試みたのだと言えよう。その際に柳は、朝鮮王朝時代の焼き物を評価するという点においては茶道の伝統の継承者であり、朝鮮王朝中・後期の白磁を評価するという点においては茶道の伝統への批判者だった。

柳が本格的に茶道（批判）論を書き始めたのは比較的遅く、一九三五年である（熊倉、一九八七、二一一頁）。だが、以上見たように、一九二二年の時点で既に、朝鮮白磁に注目する柳の視野には間接的ながらも茶道美意識の継承／批判の問題が入っていた。

李進熙は「李朝の美と柳宗悦」の中で次のように述べている。既述の「李朝陶磁器の特質」を含む一九二〇年代前半の柳の朝鮮美術観には、韓国側からの批判の対象となった「悲哀の美」論等、問題点と弱さがあった。にもかかわらず、一九二〇年代後半から三〇年代にかけて焼き物や工芸への理解が深まるにつれて、柳の朝鮮美術観は深まりを見せていった。よって「一九二〇年代前半までの論文だけをもって柳の朝鮮美術観を云々するのは正しくない」。「そのころは李朝のやきものの研究が緒についたばかりで、官窯と民窯の区分さえ十分でなかった。白磁だけが李朝のすべてだとみなしたのもそのためであったろう」。だが「柳は一九二〇年代の半ばを過ぎると、井戸茶碗や熊川などが十五、六世紀の庶民の雑器であることに気づき、木工品や竹工品などに健康な美しさを見出していく」と（李、一九七八、五三―五四、五八頁）。

李進熙の文章は『柳宗悦全集』刊行以前における先駆的論考である。しかし、「李朝陶磁器の特質」と同じ一九二二年に書かれたが、『全集』刊行までは読まれる機会が少なかっただろう「編集餘録」を検討していると、一九二〇年代前半の柳は必ずしも「白磁だけが李朝のすべてだ」と見なしていたわけではないようだ。既述のように柳は「編集餘録」の中で「李朝の磁器にどんなものがあるか」という表現をしているが、この「磁器」という言葉使いに注目したい。

「編集餘録」の後半で柳は、陶器という言葉のあいまいさ、陶器と磁器の区別の難しさについて言及し、焼き物全般を指す場合には自分は「陶器と云う更りに、くだくだしいが陶磁器と書」くことにすると記している。このことを前提とすると、先述の「磁器」という表現は意識的に用いていると思われる（柳、一九八一、二二〇頁）。つまり、陶磁器全般のうち磁器だけに話題を限定しているという意味であろう。ならば柳は、「李朝」イコール白磁とは考えていなかったことになる。彼は他の種類の「李朝」の存在を知りつつも、白磁だけを戦略的に選んで賞賛したと考えられないだろうか。そしてその際に梃子の役割を果たしたのが茶道の美意識だった。

一九三五年以降の柳の茶道論、とりわけ戦後のそれは、家元制度を含む茶道の仕組み全体を議論の対象としている（熊倉、一九八七、二一六頁）。それに比べて一九二二年の時点では、柳にとっての茶道問題の中心は朝鮮の焼き物への評価だった。民藝運動の出発点の一つは柳の朝鮮白磁との出会いだと言われてきた。そして民藝が茶道の継承／批判であるとするならば、柳の批判的茶道論が朝鮮を出発点とするのは不思議ではない。

5　井戸茶碗の評価をめぐって――「二つの異なる生涯」

もちろん柳は、茶道における大名物である高麗茶碗、喜左衛門井戸を絶賛する文章を書いている点では、茶道の正統的な価値観に忠実に従っているとも言える。しかしながら、その賞賛の仕方は、茶道における賞賛とはニュアンスが異なる。すなわち、茶道の眼が喜左衛門井戸に「どこか超然としたすごみ」「その形姿のもたらす無言の威圧感」を見出すのに対して（林屋、一九七二、一〇八頁）、柳の賛嘆は「いい茶碗だ――だが何という平凡極まるものだ」という表現だった（柳、一九八七、三四頁）。

このような名器の平凡さについての当惑した感想は、日本の伝統的美意識に生きる者の感想よりもむしろ、「座談　高麗茶碗を語る」の中で、高麗美術館の金巴望が井戸茶碗について述べた次の感想に近いように思う。「なぜそんなに珍重されたのでしょうか。それがいつもわからないのです。はっきりいって、見た瞬間に奇麗とは思われない茶碗でしょう。だからこそ、十六世紀後半期に茶人の心をゆさぶる出会いが朝鮮であった。それは単に美意識という観念的なものではなくて、具体的な、茶器としての井戸茶碗の発見です」（尹・金・谷、一九九八、六二頁）。

柳の眼は、喜左衛門井戸を作った側に属する金の眼と同様に、その平凡さに対して驚いている。その点で両者は一致している。ここにあるのは、ある文化の産物を他の文化に属する鑑賞者が絶賛するのに対して、作り手を含めて当の文化に属する人が、余所者がなぜこんな物を素晴らしいと言うのか理解できないで当惑するという、異文化接触の際に典型的に見られる情景である。この情景の中で茶人達は、その物が作られた本来の文脈を抜きに純粋な鑑賞者の姿勢で喜左衛門井戸を賞賛してきたのに対して、柳は、この茶碗が朝鮮王朝社会の中で具体的に使用される道具だった（はずだ）という点に注目した。だからこそ柳は金と同様の当惑を感じないではいられなかった。そして、当惑を基礎とした上で「平凡極まる」道具としての姿の中に改めて美を見出した。

このように、茶道の大名物を賞賛する際にも伝統的美意識とは距離を置いたやり方で賞賛するところに、茶道批判者としての柳の姿勢が表れている。だが既述のように、柳の茶道批判は茶道精神の継承でもある。なぜなら初期茶人達は、彼らにとってほぼ同時代の朝鮮の焼き物つまり高麗茶碗に美を見出したのであり、柳もまた、彼の時代から見て近過去に生産された朝鮮白磁に美を見出したのだから。したがって柳の茶道批判の要点は、初期茶人達の先駆精神とも言うべき同時代・近過去への注目を、その後の茶道が十全に継承したのかという問いかけだったと言えよう。

だが、柳宗悦と金巴望とでは考え方の上で大きな違いもある。つまり柳が井戸茶碗はそもそも雑器としての飯茶碗だったと考えるのに対して、金は朝鮮王朝時代に禅宗寺院で用いられた喫茶碗だったと考える（尹・金・谷、一九九八、六三頁）。金によれば、「井戸茶碗は、たとえば柴田井戸が一国一城以上の価値を得たという伝説があるくらいに、日本では高価で、珍重されました。その一方で、かつて柳宗悦さんや浅川伯教さんたちは昭和の初め、井戸が朝鮮での雑器で、しかも単なる飯茶碗であると評した。しかし、もしそうなら十六世紀後半には大量に日本に輸入され、そして使われた破片が、当然発掘されるはずです。それなのに、博多にも堺にも、まして越前にもない。日本中の貿易陶磁の消費地から確かな井戸茶碗はまったく出てこないのです。ということは逆に、井戸茶碗は単なる雑器ではない。向こうで、非常に特殊な用途として使われたものを誰かが選んで持ち帰ってきた、そのために日本では付加価値が出た、そう思わざるをえません」（尹・金・谷、一九九八、六〇頁）。

井戸茶碗の実体については、「従来日本では陶器と考えられていた井戸などが、韓国の研究者から白磁の流れをくむ磁器であるとの指摘」があるくらいに曖昧である（谷、一九九五、四三頁）。しかしながら、柳の時代はともかくとして近年の研究状況を踏まえれば、井戸茶碗が単なる雑器だったと考えるのはさすがに無理があるようだ。その点では柳の見方は、民衆を過大評価していてロマンチックすぎると批判されるかも知れない。

だが、柳に批判的な金ですら次のように指摘している。たとえ井戸茶碗が本来「非常に特殊な用途として使われたもの」だったとしても、日本の茶人がその美意識に合うように朝鮮に発注した注文品だったとは思えない。つまり、そのような意図的な注文に従って「つくられた茶碗にはかならず『作為』というものが見えます。しかし現存の井戸にはそれがありません。そこが井戸の魅力でもあるのです。そして、もしそれが日本からの注文品だったら、いっぱい日本に来るはずですから」（尹・金・谷、一九九八、六二頁）。

金は結局、朝鮮王朝での喫茶の風習のために作られた実用的な茶碗が、日本の茶人の目に留まり、日本での茶道のために転用されたのが井戸茶碗だと考えるのだが、ここで重要なのは、柳の見解においても金の見解においても、井戸茶碗が前半生と後半生の「二つの異なる生涯」を持つと見なされている点である。

「高麗茶碗と大和茶碗」（一九二六年）の中で柳は次のように言う。「茶人が呼んで高麗茶碗というのは、実は抹茶のためにできたものではなく、もっと下品《げぼん》の飯茶碗なのである。茶人がそれをとり立てて抹茶に用いたというに過ぎない。だからその名だたる茶碗には例外なく二つの異なる生涯がある。前半生は飯茶碗、後半生は抹茶茶碗。この歴史を忘れてはならぬ」（柳、一九八六、一五〇頁）。

その物が作られた朝鮮王朝社会における役割と日本社会での役割との二重性から「作為」の無さが生まれ、そこに「井戸の魅力」がある。この美は、日本の茶人が倭館へ発注して作らせた御本茶碗の美とは異なる。だが先述のように茶道では、井戸茶碗と御本茶碗の両方が評価されてきた。それに対して柳は井戸茶碗を絶賛する一方で、御本茶碗や楽茶碗を批判した。

「転じて『楽』を見よう。あるいは仁清、乾山等、他の和物を例に選んでもいい。これらも茶碗ではあるが、彼らに転生はない。二つの生涯はない。初めから茶碗である」。「いかに和物が『高麗』とその生れにおいて違うかは火を見るより瞭らかなことではないか」。「こんなにも違ったものを、一と条で讃えてはあまりにも粗笨ではないか。美しさに当然喰違いが出てくるはずである。それぞれにもっと明確な批判が下されねばならぬ」（柳、一九八六、一五一頁）。ここにも茶道の継承者／批判者としての柳の眼差しを読み取れるだろう。

6　同時代への眼――「新しい追憶」を求めて

茶道の継承者／批判者としての柳が持っていた同時代への感受性は、単に個人的趣味の問題ではなく、一つの方法だった。その点について別の面から見てみよう。「朝鮮美術史研究家に望む」（一九二六年）において柳は最初に、その当時、平壌近辺の古墳の発掘調査によって「偉大な過去の歴史」が明らかにされ、「新羅朝や高句麗時代や、それ等の遠い過去に如何に偉大な文化が東洋にあったかを目前に知る事が出来る」ようになったのを肯定した上で、日本人の朝鮮美術史研究者に対して三つの「特殊な要求を提出したい」と記している（柳、一九八一、二四一―二四三頁）。その三番目の要求とは次のようである。

「第三は一層実際な事に関しての要求である。多くの歴史家が古墳を発いて、偉大な過去を賛美しつつあるその瞬間、実に貴重な幾多の純朝鮮の美術は破壊されつつあるのである。試みに僅か十年前の京城と今日の京城とを比較されよ。もとより美しく変化せられたものもあるであろう。併し美術史的に見るならば如何に悲惨な変化であろう。よき固有な建築はその大半を破壊され、貴重な多くの手工品は殆どその跡を絶つに至った。それが直接間接に日本人の所為に関係する事を誰が否み得よう。歴史家は過去への叙述に筆を止めるべきでなく、その保護にも筆を及ぼさなくてはならない」。「偉大なものは過去のものばかりではない」。「美術史は高麗朝で止っているのではない。併しかかる偏見がある為か、歴史家は近代美術史に対して極めて冷淡である」。「併し現代の朝鮮に対しよき理解を呼び起させる為には、よき近代の美術史が書かれなければならない。なぜならそこに於てより最も直接に朝鮮の心の表現を見得る場合はないからである。併し歴史家は今日迄此事には殆ど無関心である」（柳、一九八一、二四四―二四五頁）。

「美術史は高麗朝で止っているのではない」――同時代・近過去への注目の実例として柳が挙げているのは、

景福宮の光化門の破壊をめぐる問題である。すなわち、「あの京城を守る幾多の固有な城門を守護しようとする歴史家はないではないか。そうしてそれが破壊せらるるとも何一つ声を挙げようとしないではないか。あの名誉ある李朝窯の作品が死に瀕していても、その価値を主張してそれを擁護しようとはしないのである」。「幾多の日本人があの平壌附近の古墳の発掘に耳をそばだてている間に、それよりも遙かに多くの朝鮮人が恨をのんで光化門の破壊を見つめつつあるのである」（柳、一九八一、二四五頁）。

朝鮮白磁への賛嘆と光化門破壊への抗議とは同じ水脈から発した二つの流れである。柳が「失われんとする一朝鮮建築の為に」という文章を発表したのは一九二二年八月だった。その中で柳は光化門について次のように記している。

「それは一国の最大な王宮を守るに足りる正門の姿勢である。読者よ、それを李朝末期の作に過ぎぬと云って卑んではならぬ。又はそこに婉麗な優雅な精緻な美を認め得ないと云って、冷かに見てはならぬ」。「光化門に於て人は李朝の美の権化を目前に仰ぐのである」。そのような門が、今破壊の危機にさらされている。「門は再興せられてからまだ五十余年の星霜を経たばかりである。それがどうして造られ、誰が造り、如何にして完成せられたかは、今尚新しい追憶ではないか。それ等の事を親しく目撃している人々の目前で、もう一つ誰が之を毀すかの記憶を追加するのは、余りに無謀な余りに無情な行為ではないだろうか」（柳、一九八一、一四八、一五一―一五二頁）。門が古いから大切なのではなく、それが今の人々とつながっているからこそ破壊すべきではない。

朝鮮王朝時代の「新しい追憶」に対する感受性は、柳の朝鮮工芸開眼に強い影響を与えた浅川巧にも見出せる。朝鮮在住の日本人である浅川は一九二二年一月の日記の中で次のように記していた。「昌徳宮は景福宮と比べると高麗焼と李朝焼の味がある。李朝焼が顧みられない様に景福宮が破壊されつつある。李朝時代芸術の味、李朝時代民族性の美は此処当分理解されないかもわからん。此等が敬意を以て迎えられる日でなければ半島に平《ママ》和はこないだろう」（金、二〇〇〇、一四頁）。新しく登場した物質文化を美しいと感じられるようになるのは存外に難しい。景福宮も朝鮮白磁も新しいがゆえに軽く見られていた。

柳より二歳年下の浅川巧は一九三一年に早世した。その死の直後に遺著『朝鮮陶磁名考』が刊行され、「跋」を柳が書いている。「此本は最初『李朝陶磁名彙』と題されたのである。併し出版所の求めによって、『李朝』を『朝鮮』に換えた。その方が一般の読者に親しみ易い言葉だと考えられたによる。併しここで朝鮮というのは朝鮮時代即ち李朝の意味であって、新羅や高麗をも含む一般国名ではない。それ故本書は、李朝で作られた各種焼物の名称の辞彙なのである」。「此事は著者が自序の中に書く筈であったが、その折りもなく終った」という（柳、一九八一、六三二頁）。他ならぬ朝鮮王朝時代への浅川の拘りを窺わせるエピソードである。

一九世紀末、日本製磁器が朝鮮の市場へ入り込み、在来窯業は打撃を受けた。さらに、「一九一〇年以後の植民地支配のなかで、高麗青磁の再興をかかげた工芸政策が展開し、韓国文化にねざした白磁の新たな造形への試みはひとたび葬りさられることとなった」（片山、二〇〇〇、一一頁）。統治する側から見ても、既に高い評価を勝ち得ていた古い高麗青磁の再興、悪く言えばコピー品生産は魅力的に見えたが、新しい、つまりどこにでもある平凡な朝鮮白磁の生産は魅力的とは見なされなかった。むしろ、日本製の高品質な白い磁器を植民地へ売り込む活動が、支配側の主な関心だった。

柳は「李朝窯漫録」の末尾附近で次のように書く。「今は恐るべき時だ。経済的事情は伝統的陶工を日に日に亡ぼしてゆく。そうして日本から輸入される粗悪な品に殆ど圧倒されかかっている」。「鍾路の大通りを歩いていて、日本の安価な品物が、もう店々の大部分を占めているのを目撃する時、私は抑え得ない腹立たしさを感じてくる」。「今日、朝鮮の人が日常つかっている白の茶碗は、もう朝鮮のものではないのである」（柳、一九八一、二〇六―二〇七頁）。このことを思えば白磁への注目は、単に美的趣味を超えた政治的な側面を内包していると言わざるを得ない。

ところで、浅川巧が日記に上記の一節を記した一九二二年は『白樺』特別号が出た年でもある。『白樺』特別号は「巧が朝鮮民芸について初めて書いた論文」が掲載された場でもある。朝鮮総督府の林業試験場で働いていた浅川巧は一九一五年、兄・浅川伯教の仲介で柳と知り合った。翌一九一六年、柳が朝鮮を旅行した際に巧宅に泊まる機会があり、それが柳の朝鮮陶磁開眼を導いたとされる。彼らの関心が具体的な形となったのが『白樺』特別号であり、同じ一九二二年一〇月、「李朝陶磁器展覧会」がソウルで開催され、さらに二四年には「朝鮮民族美術館」が景福宮内に開設されたのである（高崎、二〇〇一、八―九頁）。

それに先立つ一九二一年、雑誌『白樺』誌上に発表された文章「『朝鮮民族美術館』の設立に就て」において柳は、美術館設立のための寄付を呼びかけたが、美術館の特徴を次のように述べている。「ここに集めようとするものは主として李朝期の作品となるであろう。之は新羅及高麗の作が今日既に得難いと云う消極的理由によるのではない。忘れられた李朝期の作を、価値の世界に齎らそうとする積極的理由に基いている」。「実に是等ののはごくま近く迄続いて作られ用いられていたのである。今日の朝鮮を解そうと思うならば、その近い時代の芸術に対して正当な理解を持つと云う事が、まちがいなく必要であろう」。「私は李朝の作品を集める事に特殊な意義を見出している」（柳、一九八一、八〇―八一頁）。古すぎるゆえにではなく、新しすぎるゆえに「忘れられた李朝期の作」を蒐集して他ならぬ景福宮内で展示することこそ、この美術館のかなめだった。

「然し私は只作品の蒐集にのみ、目的を止めるのではない。私は更にそれを研究の資料として準備する事をも忘れまい。研究者も此美術館を充分に応用する事を躊躇して下さってはいけない。私はいつかその美術館によって、朝鮮民族美術史の編纂が果される事を厚く望んでいる」（柳、一九八一、八一頁）。

この美術史編纂計画に関わっているのが、一九二八年七月二〇日の日付をもつ「序（『朝鮮李朝陶器』）」という短い文章である。この文章は、『朝鮮李朝陶器』という著作の序文とするために書かれた。その中で柳は次のように抱負を語っている。「古くは大茶人達によって此時期の作が省られ又讃えられたにも拘らず、李朝の窯藝は今日迄歴史家からも観賞家からも甚しく等閑にされた。だが此書によって此錯誤は明かに訂正されるであろう」。柳によれば、「李朝窯藝史と云う未建の建築に向って、為さねばならぬ私達の最初の任務」としてのこの書物は、単独で構想されたのではない。「若し此一巻が幸い世から受け容れられるならば、更に時代を遡って『高麗』の巻を、又下って『朝鮮の影響を受けたる日本の陶器』を逐次刊行したい念願である。以て朝鮮窯藝史概観を大成し得るであろう」という壮大な計画の最初の一歩となるはずだった（柳、一九八一、二四六頁）。

しかしながらこの著作は「如何なる事情からか」出版されなかった。もし出版されていれば、「第一巻本文（緒言、李朝陶器の美　柳宗悦、李朝窯藝史　浅川伯教、李朝窯跡分布考　浅川巧、朝鮮陶器名彙　浅川巧、年表、文献、附挿絵及木版凡そ二百種）、第二巻図録（青磁類、三島類、白磁類、色釉類、茶碗類）となる筈で、印刷便利堂、朝鮮陶器刊行会刊行の予定であった」。この目次から推測すれば、この本から始まるはずだったシリーズは、当時の日本の美意識がそれぞれに評価していた陶磁器群を包括的に捉えようとしていたようである。もし完成していれば、エッカルトの大著とはひと味違う朝鮮王朝文化観が展開されていただろうが、結局それは「幻の大冊」に終わった（柳、一九八一、七〇三頁）。

7　柳宗悦の現在

以上見てきたような柳達の同時代や近過去への感受性は、敗戦後の一九四七年に私版本として一五〇冊だけ印刷された『今も続く朝鮮の工藝』でも維持されている。この本の内容の大部分は、既に一九三六、七年に刊行された雑誌『工藝』の二巻を再録しているのだが、巻頭の文章「今の朝鮮」だけは、柳の手によって新たに書き下ろされた。その主張は、既に紹介した「朝鮮美術史研究家に望む」と基本的に同じである。すなわち「朝鮮の考古学は、当然考現学の上に築かれねばならない」。その際に再び茶人達の目が、継承と批判の両面で引き合いに出されている。「日本の茶人達は、あの高麗茶碗を手に取って、その高台の美しさに打たれたり、『かいらぎ』

の雅味に見入ったりする。だがどこからそんな美しさが生れて来るのか」と。「古作物をどんなに愛してもよいが、なぜ現在の物をも進んで語ろうとしないのであろうか。何ものも今は無いかのようにさえ云う。今の人と物とへの信頼はいたく薄い。そのため朝鮮の美を求める者は、一途に古きを追い、更にそれを地下に探る。心を注ぐのは昔の歴史であり、考古の学である。そのため残念にも現在を忘れ、地上のものを見棄てて了う」（柳、一九八一、三七七―三七九頁）。

一九世紀の末、高麗時代の墳墓が破壊されて、高麗青磁の美が〈発見〉された。それは「地下からの発見」だった（伊藤、一九九七、六六頁）。また、一六世紀の茶人達を同時代に魅了した高麗茶碗は、柳の時代にはもはや過去だった。そのような〈地下と過去〉に対して柳は〈地上と現在〉の重要性を主張する。柳達はその主張に基づく行動を、朝鮮における展覧会開催と美術館設立によって一旦は完結させた。しかしそれは更に海を越えて日本で、一九二六年の『日本民藝美術館設立趣意書』以降、〈現在と地上〉の工芸生産をめぐる実践すなわち民藝運動へとつながっていく。

ただし、美の源泉がどこにあるのかという柳から茶人達へ投げかけられた鋭い問いかけに対して柳自身が与える答えは、現在から見て、ある種の問題を含んでいる。すなわち柳は「無造作な作り方」「自然と共に流れてゆくその暮しぶり」「歴史の歩みの遅々とした国」のような表現が用いて、朝鮮王朝社会の美質を説明しているのである（柳、一九八一、三七七―三七八頁）、その点に関して、現在、批判は免れ得ないだろう。それは、喜左衛門井戸が雑器としての飯茶碗だったと見る柳の判断が現在の研究成果からは批判的に見られてしまうのと同様である。そこには、かつてサイードが提起したオリエンタリズム批判と似た問題構図の可能性がある。

片山まびは韓国における粉青沙器研究を概説した論文で次のように述べている。「粉青は、ながらく『民衆的』という評価があたえられてきた。もちろん、そうした一面も否定できないが、こうした評価は、差別的な評価につながる危険性をはらんでいる。事実、植民地期には数多くの日本人が、朝鮮時代の陶磁とは、庶民的で、下手物であるがゆえ、発展性を欠いていたとし、それゆえ朝鮮では陶磁産業は衰退していくのだ、という停滞史観と結びつけた論考を発表している。しかし、発展史観を基調とした近年の研究成果の蓄積により、その評価の方向も大きく修正されはじめている」。例えば「鄭良謨は、粉青が王室や官庁で使われていたことや、粉青のなかでの質の差を根拠に、『民衆的』という評価をしりぞけている。ただし、粉青には白磁のように格式を整えず、自然に湧き出す美感によって作られたため、『民衆的』と誤解されたとした。また、それは日本人の考える『偶然な』『無計画性』から来るものではないと強調している」（片山、一九九七、二六頁）。

このような粉青沙器評価の問題は、植民地期における「『民衆（下手物）＝停滞』というイメージの払拭」の問題であると同時に、茶道や民藝の美意識に対する異議申し立てではないだろうか。その点に関して片山は「日本では、茶道文化の美の基準もあり、いちがいにその評価を否定するわけにはいかないであろう。しかし、この評価が過去のあやまちを生んだこと、また、昨今の韓国側での評価の修正傾向から、今後、ことに日本側の認識の修正が望まれる」と述べている（片山、一九九七、二七、二九頁）。

秀吉の朝鮮侵攻という両国関係の第一の危機の時代、日本の茶道における茶碗の美が成立した。そして「韓国併合」という第二の危機の時代、柳宗悦が登場し、茶道の眼を用いて茶道自体を批判するという試みを行った。二つの危機の時代に共通して鍵となったのが、同時代への感受性である。美しい物が存在していて、そのような物を生み出す人々と同じ時を生きているという事実へ向けられた想像力である。

「多くの歴史家や観賞家達は、作物を只与えられた結果からのみ受取る。だがなぜ原因で受取ろうとはしないのであろうか。それに想い当ると、今の朝鮮にも大きな魅惑を感じる、その驚嘆の上に学問が築かれずば、畢竟死学となろう」（柳、一九八一、三七七頁）。この言葉には今なお学ぶべき点がある。なぜなら、現在の視点から見て一〇〇年前の彼の時代的制約が見えてくる一方で、自らの現在に目を向けよという姿勢それ自体は、時代を超えて常に新しく若々しい課題であり続けるのだから。

参考文献

伊藤郁太郎（一九九七）「近代日本の李朝陶磁受容史」『芸術新潮』一九九七年五月号、新潮社所収
小田栄一（一九九九）『茶道具の世界2　高麗茶碗』淡交社
片山まび（一九九七）「朝鮮時代前期の陶磁研究史ノート――解放後、韓国における成果から――」『陶説』五二七号、日本陶磁協会所収
片山まび（二〇〇〇）「朝鮮王朝時代の陶磁器」『月刊　韓国文化』二四九号、企画室アートプランニング所収
加藤利枝（二〇〇〇ａ）「朴秉來『柳宗悦と浅川兄弟』についての訳者解説」『irori』生活美学研究会所収
加藤利枝（二〇〇〇ｂ）「韓国人による柳宗悦論の研究――柳の朝鮮芸術論への評価・批判の概況」『言葉と文化』創刊号、名古屋大学国際言語文化研究科日本言語文化専攻所収
金巴望（二〇〇〇）「韓国の陶磁文化を支えた人」『月刊　韓国文化』二四九号、企画室アートプランニング所収
熊倉功夫（一九八七）「解説」熊倉功夫編『柳宗悦茶道論集』岩波書店所収
佐々木三昧・文（千宗室監修）（一九六七）『裏千家茶道教本　器物編5　茶碗』淡交社
高崎宗司編著（二〇〇一）『韓国民芸の旅』草風館
谷晃（一九九五）「茶会記に見る朝鮮陶磁の受容」『野村美術館研究紀要』第四号、野村文華財団所収
谷晃（一九九六）「いわゆる「高麗茶碗」の受容に関する一考察」『高麗美術館研究紀要』第一号、高麗美術館研究所所収
谷晃（一九九八）「高麗茶碗の輸入をめぐって」『陶説』第五四五号、日本陶磁協会所収
常石英明（一九九一）『朝鮮陶磁の鑑定と観賞』金園社
出川直樹監修・文（一九九九）「やきものの精華」『別冊太陽　李朝工芸』平凡社所収
林屋晴三（一九七二）『陶磁大系　第三二巻　高麗茶碗』平凡社
林屋晴三・伊藤郁太郎（一九八八）「やきものの美」『芸術新潮』一九八八年七月号、新潮社所収
韓永大（一九九二）『朝鮮美の探求者たち』未来社
柳宗悦（一九八一）『柳宗悦全集　著作篇　第六巻』筑摩書房
柳宗悦（一九八六）『茶と美』講談社
柳宗悦（熊倉功夫編）（一九八七）『柳宗悦茶道論集』岩波書店
柳宗悦（高崎宗司編）（一九八四）『朝鮮を想う』筑摩書房
尹龍二・金巴望・谷晃（一九九八）「座談　高麗茶碗を語る」『茶道雑誌』第六二巻第五号、河原書店所収
李進熙（一九七八）「李朝の美と柳宗悦」『季刊三千里』第十三号、三千里社所収

第7章

「韓国」陶磁の二〇世紀と柳宗悦
――植民地期から解放後へ

1　植民地支配下の陶磁生産

朝鮮王朝時代（一三九二―一八九七）における陶磁生産は長らく、「分院」と呼ばれる官窯を中心として秩序付けられていた。しかし、一八七六年に日朝修好条規が締結された後、日本からの磁器の輸入が本格化した。一八八四年には分院が民営化され、伝統的な体制は崩壊していく。そのような状況下で、朝鮮王朝（および大韓帝国）国内の上流層は、それまでの国産磁器の代わりに輸入磁器を用いるようになっていった（片山、二〇〇一、一二一―一二三頁）。とりわけ、機械生産による日本の磁器は軽く安価だったため、機械生産技術が未発達だった国内の陶磁業にとって大きな脅威となった。

一九一〇年、大韓帝国は日本によって植民地化されるのだが、嚴升晞によれば植民地期の陶芸史は三つの時期に区分される（嚴、二〇〇〇、二五頁）。一〇年から一八年までが、「第一期（模索期）」である。この時期、国内の上流層がそれ以前と同様、日本から輸入された上質の磁器を使用する一方で、粗質の日本式焼き物が庶民の日用品として使用されるようになる（嚴、二〇〇〇、二五頁）。一〇年公布の会社令によって民族資本による会社設立が抑制されたために、日本産輸入磁器による市場支配はさらに強まった。

この時期で注目すべきは高麗青磁ブームの到来である。二〇世紀初頭から、日本人学者の調査によって高麗時代の古墳から青磁が出土するようになり、日本人美術愛好家の間にブームを巻き起こした。だが、高麗青磁出土品には限りがあるので、ブームによって高まった需要を満たすために、日本人主導の「李王職美術品製作所」とその後身や、日本人経営の製作所を中心に、高麗青磁「模造品」が生産されるようになる（宋、二〇〇三、二六四―二六六頁、嚴、二〇〇〇、二五、九七―九八頁）。

遥か過去の高麗青磁が美術愛好の中心となったために「美術工芸品、高級品としての近代韓国陶磁は急速に青磁に逆戻りをして」いった（片山、二〇〇一、一一二頁）。これは単に作品様式が時代を逆行しただけではない。「韓国陶磁はここでひとたび自律的な発展をうばわれ、日本人の考える『朝鮮らしさ』という強制的な枠のなかで近代への第一歩をすすめざるを得なかったのである」（片山、二〇〇一、一一三頁）。

一九一八年から一九三五年までが、「第二期（安定期）」である。この時期は、三〇年までの「全盛期」と、三五年までの「転換期」に区分される。全盛期には日本資本が積極的に投資され、新設陶磁工場によって工場工業陶磁は飛躍的に〈発展〉した。一方、それに対抗できない国内人経営の地方窯は苦境に陥り、朝鮮白磁の伝統は危機に瀕する。そこでこれらの窯では、生き残りのために、朝鮮伝統様式と日本様式を折衷したりと模索が続いた（嚴、二〇〇〇、二五頁）。

他方、高麗青磁ブームの影響により、日本人経営工場だけでなく国内業者達も青磁模造品（日本式の用語では「新高麗磁器」）を生産するようになり、地域によっては日本へ輸出された（嚴、二〇〇〇、二八頁、송、一九九九、一〇一頁）。一九三〇年以降の転換期には、地方窯でも新高麗磁器が生産されるようになる（嚴、二〇〇〇、二六頁、송、一九九九、一〇一頁、宋、二〇〇三、二六六頁）。だが、日本が戦争へ向かう時代の中で、原料不足等により陶磁業は衰退の兆候を見せ始める。結果的に、日本式磁器でもなければ朝鮮白磁でもない、マッサバルと呼ばれる粗質の焼き物が庶民の日用品としての位置を占めていく。

一九三五年から一九四五年までが「第三期（衰退期）」である。統制経済によって陶磁生産は政策面でも強い制限を受け始める。日本への原料輸出は急増し、国内製作所は原料難に苦しみ、廃業する者も多かった。四四年からは、従来の日用雑器や日本式焼き物の製造は完全に中断された。他方、庶民需要を充たすための代用品として、さらに粗質のオンギ生産が一時的に急増した（嚴、二〇〇〇、三二頁）。

2　高麗青磁の幻

二〇世紀前半を概観して印象に残るのは、植民地支配という全体状況の中で日本の近代陶磁が大きな影響を与えたという点である。ここからとりあえず、支配されている側の朝鮮白磁と、支配する側の日本式磁器という明快な対立構図が導き出せる。だが注目したいのは、植民地期朝鮮の陶磁史には、この明快な二項対立に収まらない複雑な対立構図があるという点である。その際に鍵となるのが、高麗青磁に対する日本人の熱狂である。

当時の陶磁状況を四つのグループに整理することができる。第一グループは、機械生産による安価な日本産輸入磁器と、朝鮮において日本人経営陶磁工場で生産される日本模倣様式の磁器である（両者は合わせて「倭沙器」と呼ばれる）。これらが、植民地支配下の制度的圧力を背景として、市場を席巻していた。第二グループは伝統的な朝鮮白磁様式である。これは、植民地支配の進展と共に窮地に追いやられた。第三グループは高麗青磁の模造品である。これは、日本人の高麗青磁への愛好心を満たすために、総督府や在朝日本人主導下で制作された。第四グループは、マッサバルやオンギのような、朝鮮白磁よりも粗質の焼き物である。高麗青磁ブームとも、柳達に触発された白磁ブームとも無縁な、圧倒的に安く、かつ、日本人の関心をあまり引かなかった焼き物である（宋、二〇〇三、二五二、二五六、二七三頁）。ただし、日本民藝館には数は少ないがオンギも所蔵されている（尾久、二〇〇六、一〇二頁）。

このように整理すると当時の陶磁器状況は、先述した単純な二項対立では捉えきれないのが分かる。だが、それでもなお、これら四グループの関係もやはり二項対立で論じうると思われるかも知れない。つまり、支配側が推進した日本式近代陶磁と高麗青磁模造品が一方の極にあり、それと対立する形で、被支配側の朝鮮白磁とマッサバルやオンギが他方の極にあるという二項対立である。

だが、ここで微妙な問題になるのは高麗青磁模造品の位置である。高麗青磁が現在でも民族の栄光を代表する焼き物だということを考えれば、高麗青磁模造品は日本式近代陶磁と一緒に支配側の極に明快に位置付けうるだろうか。

確かに、本物の高麗青磁と高麗青磁模造品とは別物であり、高麗青磁模造品はあくまで日本人主導で製造されたのだから、それが支配側の極に位置付けられるのは当然とも言える。例えば、一九二〇年代に忠清道・大田において日本人が鶏龍山一帯で産出する土を利用して高麗青磁模造品を製造した事例があるが、これらの製品は支配側の極に属している（嚴、二〇〇〇、四五頁、宋、二〇〇三、二六六頁）。

このように、高麗青磁イメージ追求が支配側の極にあるのを示す事例は多いものの、韓国の研究者は次のような事例も紹介している。一九三〇年代後半、京畿道・開城（高麗王朝の旧都）では、「高麗文化発祥地である自尊心を取り戻すための意欲が、地域有志を中心に高まり」、「新高麗磁器組合が、優秀な青磁を集中的に生産し、開城の特産品として扱うようになった」。そして「日帝時代後半に生産された最上の青磁は、開城産であるというのが、同時代の評判だった」。「開城の新高麗磁器は、このような名声に支えられて、京城に所在する三越商店で新高麗磁器展覧会を開催したこともあった。この展覧会では出品作全般が高級青磁であり、開催されるや否や高値で売れた」（嚴、二〇〇〇、四四頁）。

もちろんこのような事例は限られていたし、生産された青磁の多くは日本人の手に渡った。その意味では、先述の鶏龍山の例が植民地支配下の現実を代表していると言える。だがそれでもなお、新たな青磁生産が「自尊心」の回復と結びつけられている点が印象的である。

日本におけるアジア陶芸史叙述でも、植民地支配期を含めた近代における高麗青磁をめぐる動きは、特徴的な意味を与えられている。「柳根瀅、黄仁春は日本人資本による青磁工場で青磁の再現に取り組んだが、黄仁春は一九四六年から朝鮮工芸家協会で活動し、柳根瀅も一九五五年から活動を再開し、近代から現代へ歩みをすすめた数少ない陶芸作家として重要である」（片山、二〇〇一、一二四頁）。

開城の事例と柳根瀅達の事例が示しているのは、植民地支配下の状況において、高麗青磁のイメージが苦境を耐えるための力となったという点である。このように考えると、この時代に高麗青磁に似たものを手に入れたいという熱情は、支配側だけの熱情ではなかったように思われる。

もちろん、民族の「自尊心」を賭けて青磁を「再現」しようとする真摯な試みと、青磁模造品すなわち「青磁のレプリカに過ぎないもの」（片山、二〇〇一、一二三頁）との違いについては慎重でなければならない（嚴、二〇〇〇、二五頁）。しかし、柳根瀅達がまず「日本人資本による青磁工場」で働き始めたという現実が示すように、彼らは一筋縄ではいかない複雑に入り組んだ支配／被支配関係の中で辛うじて進むべき道を模索せざるを得なかった。

植民地支配は、支配する側と支配される側との明快な二項対立構図には収まりきれない複雑さを生み出す。そのようにして縺れた糸は簡単に解きほぐせない。朝鮮半島における陶磁の二〇世紀はその実例であり、高麗青磁のイメージこそが縺れた糸の結び目だった。

3　朝鮮白磁への注目

このように見てくると、柳が高麗青磁ではなく朝鮮白磁を賞賛したという単純な事実が特別な意味を持ってくる。もちろん柳達の時代においては、つい先頃まで生産されていたのは朝鮮白磁であり、高麗青磁は既に過去のものだったので、近過去に注目する柳達が朝鮮白磁に目を向けたのは当然だった。しかし、当時の日本人美術愛好家が高麗青磁イメージの虜となっていたという時代状況を考慮に入れれば、柳達の朝鮮白磁賛歌はそれ自体、当時の普通の日本人の美意識とその背後にあるものに対する批判だったと言えないだろうか。

もちろん、韓国での研究において柳が無傷の存在として描かれてきたわけではない。例えば、柳達の業績を高く評価しつつも、柳達の活動が「逆説的に利用される」ことによって、一九三〇年代には朝鮮白磁の受難が始まったとの指摘がある（이、二〇〇一、二六一頁）。柳達の活動によって人々が朝鮮白磁の美に目覚めた結果として、朝鮮白磁が高価な商品となってしまったのである。高麗青磁に関しては先述したように、一〇年前後のブームが引き金となって、高麗時代の墳墓が盗掘されたり（李、二〇〇六、二〇頁）、日本への流出が生じたが、朝鮮白磁ブームはそれに続く第二の「収奪」を引き起こしたと言うのである（이、二〇〇一、二六九頁）。

このような批判に対して今後の柳宗悦研究は答えていく必要があるが、その際、朝鮮白磁が柳にとって持っていた意味を、個人の意図を超えて様々な角度から再検討せねばならないだろう。

以上、植民地支配下の陶磁状況を取り上げてきたが、一九四五年八月以降、朝鮮半島の陶磁は美的な意味で直ちに解放されたかというと、必ずしもそうではなかった。以下では韓国の場合を見てみよう。

4　解放後の三つの流れ

解放後の一九四六年、木浦でヘンナム社が産業陶磁工場の操業を開始する。釜山では、植民地期の朝鮮硬質陶器株式会社を前身とする大韓陶磁器株式会社が再出発する。四九年、仁川で中央陶磁器が、清州で忠北製陶社（後の「韓国陶磁器」）が開業する。これらは植民地期末の工場が前身であり、解放後に突然出現したわけではない。

朝鮮戦争勃発という過酷な時代を経て、一九六〇年代半ば、工業化政策の下で陶磁器は輸出品目に指定された。大韓陶磁器株式会社を始めとして各社はドイツからの技術導入等によって近代化を推進する（宋、二〇〇三、三二七、三五四頁）。しかしその製品は人々から美的に受け入れられたわけではなかった。なぜなら、美的価値を持つ陶磁は工場とは無縁の世界で作られると思われていたからである。それゆえ、「一般需要者が幅広く利用する産業陶磁会社の製品は単なる機械製品と見なされ、大学世代のデザイン感覚が活用されなかった点に限界があった」という評価になる（송、一九九九、七七頁）。

植民地期においては日本主導の朝鮮美術展覧会が大きな影響力を持っていたが、解放後の一九四六年になると、米軍後援により朝鮮工芸家協会が創設される（송、一九九九、七〇頁）。同年、徳寿宮で第一回工芸美術展が開催され、四九年には国展が発足する。新たに始まった国展はしかし、朝鮮美術展覧会の審査員や組織体制を踏襲していたため、「解放前の朝鮮美展の否定的な傾向を克服できなかった」（송、一九九九、七〇頁）。植民地期における「朝鮮美展で形成された領域が、大学世代と留学派の制作活動を通じて、国展その他の展覧会出品へと受け継がれた」（송、一九九九、七六頁）。第二回国展が開かれたのは朝鮮戦争休戦後の一九五三年である。

この時期、国展を含む展覧会で活躍したのは主に、大学でデザインや美術教育を受けた者達である。教育を通じてアメリカ現代陶芸に接した作家達が実用性よりも造形性を重視する芸術作品を作る一方で、「一般需要層と深く結びつく産業陶磁会社製品は、単なる機械産品として扱われる」という両極化状況の中で、「一般需要者が陶磁に親しみを持てるような制作傾向を示せなかった」（송、一九九九、七七頁）。大規模工場生産と学士陶芸家という二つの流れは平行線を辿っていた。

植民地支配期に柳や浅川兄弟が注目し賞賛したのは、これら二つの系譜とは一線を画する伝統陶磁だった。この第三の流れは解放後どうなったのか。一九五〇年代中盤、伝統陶磁を基盤にして新しい陶芸の開拓を試みたのが韓国造形文化研究所と韓国美術品研究所である。

韓国造形文化研究所は一九五三年から五四年にかけて、アメリカ合衆国のロックフェラー財団の支援を得て設立された（송、一九九九、七二頁）。財団支援の終了後は、陶磁器の販売利益によって事業継続する計画だった。実際の制作は「二〇世紀前半から制作活動をしてきた伝統陶磁職人達が受け持った」。「研究所では、朝鮮白磁の伝統を継承しつつ現代化した白磁を生産し、新作陶磁展示会が開催された」。一九五八年には研究所からアメリカ合衆国のロチェスターへ留学生を派遣したりしたのだが、やがて運営が困難に陥り、六二年に閉鎖される（송、一九九九、七三頁）。

だが、この研究所の存在によって、大学での陶芸教育実施や「大学教育を受けた陶磁作者がアメリカへ行く動き」が活性化されることになった。そして留学経験者は「陶芸が社会的に認められるためには、大学での教育を優先せねばならないという信念」を抱いて陶芸教育に取り組んだのである（송、一九九九、七五、七六頁）。

他方、韓国美術品研究所は「韓国造形文化研究所の趣旨をより現実的にし、伝統陶磁技法を継承し現代生活に合った陶磁を生産する企業として発展させる」という意図の下に一九五七年に正式発足した（송、一九九九、七三頁）。この研究所には、かつて日本人経営工場で青磁制作に取り組んだ職人が多数参加しただけでなく、新たに青磁技術を習得しようとする若者も含まれていた。「窯の構造は、慣れていた日本式改良登り窯を設置し」、「花瓶・茶器のような土産用の陶磁器と、多様な青磁模造品が生産された」。製品は外国人の好評を得たものの、「国内需要者の愛顧を受けられず」経営難に陥り、五八年に閉鎖された。

だが、研究所閉鎖後、関係者は場所を変えて活躍を始める。研究所に関わった職人達は「六〇年代から利川、驪州一帯に居を定め、伝統陶芸村を形作った。彼らに対しては、六〇年代中盤から、輸出振興のための民族的手工芸品保存継承という名目で、政府次元の経済支援が行われるようになり、また、六五年の韓日国交正常化によって多くの日本人が韓国を訪れるようになったため、伝統陶磁は、現代の陶磁領域の一翼としての地位を確立した」。結果的に、「解放前後に活動が不振だった陶磁職人が活動を再開する」きっかけをこの短命な研究所は与

えたのである（송、一九九九、七六頁）。

しかし、この新たな日本人需要層との関係も問題含みだった。なぜなら「彼らの注文のほとんどは青磁や粉青沙器の再現品だった」からである（이、二〇〇一、二八〇頁）。購買力のある日本人が新時代になってもなお高麗青磁イメージを愛好し続けたことが、韓国陶磁業の進む道に少なからぬ影響を与えた。「伝統陶磁業界は、国内需要者向けの販路を構築できず、日本人観光客向けの商品化現象が現われ、日本帝国主義の残滓の問題が持続的に影響を与えている」と言うのである（송、一九九九、七七頁）。ただし、「一九八〇年代頃からは国民の生活水準がさらに向上し、伝承磁器は、室内装飾用以外にも食器用として新市場が開拓され、需要が増加した」（宋、二〇〇三、三三一頁）。

5　柳批判の背景

このように解放後、陶磁の三つの流れは簡単には融合せずに「相互連関がない」状態が二〇世紀末まで続く（송、一九九九、七七頁）。それらをいかに適切に連関させるかが同時代の韓国陶芸界にとって課題だった。その試行錯誤の過程において、上記の三つの流れをそれぞれ支えてきた美意識や思想が批判的に検討されるのは当然の経緯である。かつて韓国において柳批判が活発化したのにはこのような背景があった。

三つの流れのうちの一つと歴史的に深い関わりのあった柳の美意識はまず、旧・支配側に属する知識人の説として、民族の主体性の名の下に退けられるだけでなく、三つの流れをめぐる難題を前にして乗り越えるべき壁としても受け取られ、批判されてきたように思う。この意味で、七〇年代における柳批判論の一つが「この時期の韓国の現代美術の在り方に対する問題提起」でもあったという指摘は示唆的である（加藤、二〇〇〇、二六八頁）。

例えば、六五年以降の状況について韓国の論者は次のように評価する。「政府主導の韓国流の民主主義は、韓国的ロマン主義と韓国・朝鮮の過去のものを何でも美しいと見る闇雲な賞賛という新たな問題を引き起こした。柳宗悦の見方を性急に受け入れたため、その本質を混同し歪めることになったのである。彼の『無作為』の主張は、『粗末さ』『自然さ』『自由』の意味合いを含むが、それは、朝鮮時代の地方窯で生産された質の低い陶磁にのみ妥当する。だが、その印象を、質の高い高麗青磁や朝鮮白磁に当てはめるのは正当ではない。ところが『不作為』という言葉は、『韓国・朝鮮の過去のものはすべて美しい』という考え方と結びつき、今日においても陶芸だけでなく美術一般に影響を与え、深刻な副作用を引き起こしている」（Choi、二〇〇四、一二九頁）。

このように、柳に対する批判は一日本人への批判に留まらず、自分達自身が韓国近代陶磁史をいかに理解するかという自己反省的課題と深く結びついている。柳の朝鮮白磁観に対していかに生産的で発展的な批判を展開できるかが一種の試金石の役割を果たしてきたし、韓国と日本の関係が大きく変わりつつある現在、今後も果たしうるのではないだろうか。

参考文献（韓国語文献の読解に際して姜在彦の協力を得た）

이도형（二〇〇一）「제4편／근・현대 도자문화」김재열／이도형／임상택／최종택共著『흙으로 빚는 미래／다시 쓰는 경기도자사』（『土から生まれる未来／再び書く京畿陶磁史』、경기문화재단（「第4編　近現代陶磁文化」『土から生まれる未来／再び書く京畿陶磁史』京畿文化財団所収）
李亀烈著　南永昌訳（二〇〇六）『新装　失われた朝鮮文化――日本侵略下の韓国文化財秘話』新泉社
尾久彰三（二〇〇六）「李朝の美」尾久彰三監修『別冊太陽　柳宗悦の世界』平凡社
嚴升晞（二〇〇〇）「日帝侵略期（1910―1945年）韓國近代陶磁研究」淑明女子大學校大學院碩士學位論文
片山まび（二〇〇一）「第3章　韓国陶磁」出川哲朗・中ノ堂一信・弓場紀知編『アジア陶芸史』昭和堂所収
加藤利枝（二〇〇〇）「韓国人による柳宗悦論の研究――柳の朝鮮芸術論への評価・批判の概況」『言葉と文化』創刊号、名古屋大学大学院国際言語文化研究科日本言語文化専攻所収
송기쁨（一九九九）「한국 근대도자 연구」홍익대학교 석사학위논문（「韓国近代陶磁研究」弘益大學校大學院碩士學位論文）
宋在璇（二〇〇三）『우리나라 도자기와 가마터』東文選（『わが国の陶磁器と窯場』東文選）

Choi Kun,（二〇〇四）'An Introduction to Modern Korean Ceramics', Hong Sunghee (eds.), *The Story of Korean Ceramics*, the World Ceramic Exposition Foundation 所収

第8章　作り手の深層
——柳宗悦における神秘と無意識

1　神秘主義からの出発

書店において柳宗悦と民藝に関する書物が並ぶのは主に美術工芸の棚である。確かに民藝運動確立期の柳の思想は、少なくとも見かけ上は宗教的色彩が濃いわけではない。民衆の工芸について語る際に必ずしも宗教に言及しなければならないわけではない。ところが民藝確立期の以前と以後には、柳が宗教思想へ没頭する時期がある。その意味では柳にとっての民藝とは、宗教思想に対する関心という大きな海に浮かぶ島のようだったとも言える。

民藝に到達する前に柳の心を強く捉えていたのは、西洋のキリスト教、とりわけ神秘主義だった。例えば、二〇歳代の柳はイギリスの神秘主義的な幻視の詩人ウィリアム・ブレイクに強く惹かれ、一九一四年に大著『ヰリアム・ブレーク』を刊行している。また、ドイツ中世の神秘主義思想家マイスター・エックハルトも柳を魅了した。さらには、清貧の宗教者アシジのフランチェスコへの傾倒も挙げられる。

柳が宗教哲学に興味を持つにあたっては、良き導き手がいた。それは鈴木大拙である。大拙は優れた英語力を駆使して禅仏教を欧米に紹介することで西洋知識界に影響を与えたが、一時期、学習院で英語を教えており、その時期に柳は学習院の生徒だった。一九〇七年に柳は学習院高等学科へ進学し、一九一〇年に卒業している（水尾、二〇〇四、四七七頁）。この師弟関係から二人の間に交流が始まり、柳が亡くなるまで続いた。

大拙は一九一〇年前後、神秘主義思想家スウェーデンボルグを日本へ紹介しようとしており、柳もその影響を受ける。そして、スウェーデンボルグはブレイクと関わりがあったこともあり、柳の関心はブレイクへと向かっていった（中見、二〇〇三、四八、四九頁）。禅を始めとする様々な仏教宗派に対する柳の関心も、大拙によって導かれた結果である（中見、二〇〇三、九四、二五八頁）。白樺知識人らしく柳の関心は幅広いが、若き柳の宗教への傾倒を集約すれば、神秘への関心と呼べるだろう。

他方、戦後になると柳は浄土系仏教の研究に没頭する。妙好人への注目に代表される他力仏教への関心も、大拙の書物によって呼び覚まされた面が大きい（中見、二〇〇三、二六八、三六一頁）。工芸の中に民藝があるように、信仰の世界にも、宗教制度や組織とは無縁の知られざる信仰者がいる。柳はこれら在野の篤信者達を主に美的側面から解釈した。柳はそれを独自の仏教美学として結実させてゆく。一九四九年、六〇歳の時に彼が私家本として出版した『美の法門』がその記念碑と言える。

柳の仏教美学を象徴的に示す彼独特の表現がある。それは轆轤回しの作業を念仏の喩えで語るというやり方である。轆轤を回す音は「南無阿弥陀仏、南無阿弥陀仏」と言っている音だと柳は言う（中見、二〇〇三、二八一頁）。戦後の柳はこのように民藝の美を日本の他力仏教によって説明する立場を明確にしたが、それでもやはりその立場は特定の宗派への帰依ではなく、幅広い宗教性への関心に支えられていた。そこから窺えるのは、自覚された自らの内部の力だけではなく、他からの力と呼ぶほかない何かが人間の営みにとって重要であるとする基本姿勢である。私という存在が生きてゆけるのは、小さな私である自我の働きだけではなく、それを超えた大きな何かのおかげだと柳は考える。

このような考え方を美に適用すれば次のようになるだろう。美を生み出すのは、近代人が誇る明晰で主体的・

個性的な意識ではなく、意識を超えた何かだと。どのような工芸が真に美しいのかについての柳の評価基準は、作られたものの中に個人の先鋭な意識がどれほど反映されているかではなく、他からの力がいかに働いているかである。柳はこのような視点を、民衆や無名という言葉に託した。

その意味で、若き日の柳が宗教哲学研究から、当時の一般通念からすれば道楽と見なされかねなかった民藝へと向かっていったのは、当時の知識人にしては唐突な転向に見えたかも知れないが、首尾一貫した展開だった。さらに戦後、浄土真宗のような他力仏教へと関心が向かったのも自然な流れだったと言える。

2　他からの力

だが、他からの力への注目は柳だけに限らず、二〇世紀初頭の社会思想全般にとって中心的主題だった。ウィーンのジークムント・フロイトによって始められた精神分析もその潮流に連なっている。フロイトの主著『夢解釈』の刊行が一九〇〇年前後であったのは象徴的である。『夢解釈』においてフロイトは、睡眠中つまり個人の明晰な意識が休んでいる間に生じる夢こそ、個人に働く他からの力を解明する絶好の機会であると主張した。夢の分析によって、夢を見た本人には自覚できない他からの力が解明できると考え、それを無意識と呼んだ。精神分析は、無意識という他からの力が個人の意識にどのような影響を与え、その結果、どのような心の病が生じるのかを研究し、それによって治療を行おうとする試みだった。

ここで精神分析を引き合いに出すのは奇妙に思われるかも知れない。心の病を扱う精神分析と「健康の美」を主張する民藝とは無縁に見えるからである。だが、若き柳には広義での心理学に興味を持っていた時期が短いながらあった。

一九一〇年、柳は東京帝国大学文科大学の哲学科へ入学し、心理学を専攻として選んだ（中見、二〇〇三、三六頁）。大学生の柳は心理学に何を期待していたのだろうか。入学直後に彼は、この年に創刊された自分達の同人雑誌『白樺』に「新らしき科学」という文章を寄せている。「新らしき科学」とは、柳の言葉によれば「変体心理学に於ける心霊現象の攻究」のことである。そしてこの学問が近い将来、自分の人生観に大きな影響を与えるだろうという予想を書き記した（一柳、一九九四、一九五頁）。

若き日の柳は一時期、超心理学的な現象に強い興味を抱いていた。超心理学的現象とは、予言予知や透視、本人の意識とは関係なく手が勝手に文字を書き綴る自動書記等を指す。このような現象に対して当時の西洋では熱狂的な関心が広まっていた。日本でも超心理学的心霊現象はブームとなり、その最中に千里眼事件の悲劇が起きた（一柳、一九九四、一〇一頁）。透視等の超能力を持つとされる人物をマスコミが大きく取り上げ、東京帝大教授・福来友吉らが真面目に実証実験を試みたりして世間を騒がしたが、最後は超能力者の一人が自殺し、福来は大学を追われるに至った事件である。

しかしながら心霊現象ブームに対する柳の関心は単なる好奇心ではなく、「彼自身の内発的関心に由来する思索」と結びついていた（水尾、二〇〇四、四五頁）。柳はこの不思議な現象に、人生の重大事と関わる何か未知の力、既存の学問では把握できない大切な何かを感じ取っていた。

超心理学的現象への関心はそれ自体としては確かに怪しげな面が多いのだが、この時代に洋の東西を問わず心霊現象ブームが盛り上がったのにはそれなりの背景がある。つまり、意識・理性万能を目指す一九世紀西洋への批判的雰囲気が次第に醸し出されていたのである。近代社会の中で自律的に生きているつもりの自分達近代人が実は他からの力によって深いところで突き動かされているのではないのかという自己懐疑である。その思いを単に科学への頑なな反発に留めずに、科学的方法を用いて探究しようとする姿勢から、超心理学的現象を過剰なまでに真面目に受け取る態度が生まれた。この現象に関心を持った人の中には著名な自然科学者や作家も含まれていた。一九世紀末から二〇世紀初頭という時代の一つの特徴がこの奇妙なブームには表れている。

心霊現象の真偽はさておき、現在の立場から見れば自動書記に代表される超心理学的現象は、心の病にかかわる一種の症状と見なすこともできるだろう。つまり、個人意識では自覚されない何かが人の心の中にあり、それが意識を超えた働きをすることで周囲を驚かしたのではないだろうか。精神分析の場合、個人意識によって自覚されない何かが無意識と名付けられたのに対して、超心理学の場合、その同じ何かが霊魂と呼ばれた。

精神分析も超心理学も、同じ時代潮流の中にあった。今日から見ると、超心理学的現象の少なくとも一部はヒステリーと関わっていたように見えるが、フロイトが精神分析を作り上げていく際に最初に研究対象としたのがヒステリーだった。また、自動書記に注目したシュールレアリスト達が精神分析に強い興味を抱いていたというのも、両者が無縁でないのを示唆している。

3　神秘から民藝へ

ところが、心理学によって人生問題を解決したいという若き柳の過剰な期待は、大学の学問によっては充たされなかった。明治末年、「千里眼事件によって、それまで東大でさかんだった催眠術研究はもちろん、台頭しはじめていた異常心理学から臨床的な心理学分野まで、すべてが非科学のレッテルとともに、東大の心理学教室から追放された」（二柳、一九九四、一八九頁）。結局柳は一九一三年に「心理学は純粋科学たり得るや」という題で卒業論文を書く。その論文は現在残っていないため内容の詳細は不明のままであるが、心理学が科学の水準だけに留まっていては心の深みを理解できないという主張だったとされている（中見、二〇〇三、三七頁）。

大学を卒業した柳はその後、それまでの専攻とは裏腹に哲学・芸術・宗教へと関心を集中させていく。その過程で様々な神秘主義思想と出会っていくのである。このように言うと、心霊現象への興味は若気の至りだったように思われるかも知れない。一九一四年に柳は『キリアム・ブレーク』を刊行し、心霊現象からは離れてしまったように見える。だが当時の柳の別の面は彼の書簡の文面から垣間みられる。

ブレイク論刊行の翌一九一五年、バーナード・リーチ宛書簡（原文は英文）において柳は、自らの「心機一転新しい仕事」としての神秘主義研究の展望についての長文を書き残している（柳、一九八九、二〇一―二〇三頁）。柳はブレイクに導かれて「神秘主義の花の咲き誇るキリスト教界」の奥深くへと関心を向ける。探し求めていたのは、精神と肉体、神と人間のような「この世の二元性の問題」から脱却するための道だった。西欧的教養に裏打ちされたそれまでの思考があまりに「二元性」にとらわれていたことへの反省である。

柳にしてみれば、神はあまりに超越的であり、「人間にとって一番不利な概念」であり、「神という概念は不幸にもそれ自身が二元性を孕んでいる」。二元性のゆえに神と人間のあいだには越えがたい断絶が生じてしまう。天国や極楽も神と同様に、現世に生きる人間にとってはあまりに超越的であり、柳を満足させなかった。だが、神と人間の二元性を超えなければ、すなわち「神の宇宙における内在性」がなければ、そもそも神の超越性それ自体があり得ないと柳は考える。「遥か遠く離れた天国におわす神を慕う代わりに、真実の泉が迸る究極の根元まで自己を深く掘り下げてゆく」道こそ、彼が目指すところだった。柳はマイスター・エックハルト達の神秘主義の中にその可能性を見出す。このような可能性は何もキリスト教に限らない。柳にとっては禅も「東洋の神秘主義」であり、イスラム教神秘主義であるスーフィズムにも関心を持ち始めていると記している。

自らの新たな関心を明らかにした後で柳は、三年後をめどに神秘主義についての著作を書きたい、それはブレイク論の二倍の分量になるだろうとリーチに打ち明けている。具体的には、『神秘体験の原理』という題名の下で、「第一章　神秘主義の哲学的基盤」、「第二章　神秘主義の心理学的意味」、「第三章　神秘主義の宗教的意義」、「第四章　神秘主義の美的表現」、「第五章　神秘主義の歴史」という章立てを構想していた。このうちの第二章において柳は「潜在意識、催眠状態、テレパシー、千里眼」等の「あらゆる心霊現象の実際」について論じるつもりでいた。ブレイク論を完成させた後でもなお、心霊現象への関心と期待は消滅したわけではなかった。

それは、リーチ宛書簡での次のようなブレイク評価からも窺われる。

柳にとって不満だったのは、ブレイクの素晴らしさを共に理解しているはずのリーチまでがこの詩人の「異常性」についてやや否定的に評価していた点だった。リーチも含め世間の人々はブレイクの「幻視性、霊性」を異常で病的だと批判するが、その批判はおかしいと柳は書く。いわゆる「異常」な現象が実は自然な出来事なのだということは、「心霊現象研究学会及び数多くの宗教人、芸術家の示す膨大なデータ」から証明される「動かし難い心理学的事実」だと柳は主張する。心霊現象への真面目な関心からすれば、ブレイクを異常だと非難はできないはずである。この主張に際して柳はフレデリック・マイヤーズの著作を引き合いに出しているが、マイヤーズは一八八二年にイギリスで創立された「心霊研究協会（SPR）」の指導的メンバーだった（オッペンハイム、一九九二、五五頁）。

ちなみにマイヤーズは、フロイト達のヒステリー研究をイギリスへ最初に紹介した人物である。その縁からフロイトは心霊研究協会の会報へ寄稿する機会を持った（オッペンハイム、一九九二、三一二頁）。マイヤーズを媒介にすれば、柳とフロイトは必ずしも無縁ではない。

ところで、神秘主義を論じる大著の構想は結局そのままの形では実現されなかった。その代わり、一九一九年に『宗教とその真理』が刊行される。そこに収められた諸論考では、リーチ宛書簡で語られたのと似た構想の一部が実現されている。例えば、「超越が隔離の意であるならば、それは各自に寂寥を残すのみであって世界は二元に帰す」と論じられており、この「隔離」を越えるものとして神秘の重要性が主張されている（柳、一九八一a、二九六頁）。しかしながら、そこではもはや心霊現象の余韻は見出しにくい。

このように心霊現象に対する関心は終息していくが、それは、上記の根本関心が失われたと言うよりも、民藝に対する熱情へと形を変えたと考えた方が良いのではないだろうか。なるほど確かに、幻の大著の「第四章　神秘主義の美的表現」で柳は、工芸ではなく文学を主に扱う予定だったようだ。だが、この書簡が書かれた前年、一九一四年に柳は、浅川伯教がもたらした朝鮮王朝時代の焼き物に強い印象を受け、一九一六年には初めて朝鮮を旅行し、伯教の弟、浅川巧と出会っている。浅川兄弟との出会いが民藝の物語の一つの始まりだったことを考えれば、神秘主義の大著の構想とその消滅は、柳の思想的軌道が民藝へと向かう転回点に位置している。ならば、民藝も「神秘主義の美的表現」の一種と見なせないだろうか。

柳は、無名の職人が作り出す物の美が職人個人の意識を超えていると賛美した。無名の職人達は美しいものを作ろうという意識すら持たずに、日々の手仕事の繰り返しから我知らず美しいものを作ってしまう。それは、霊媒の手が勝手に動き出して、彼岸からのメッセージを書き綴る自動書記という超心理学的現象と相通じる何かがあるように思われる。伊藤徹はその柳論の中で、手仕事が手によってなされる点に注目して次のように指摘する。「作る者は、已れの知に基づいて作るのではない。つまり彼は、制作を規制する原型に予め通じている『理性』によって特徴づけられる存在ではないのだ。この存在は、むしろ手として働く」。そして「手には、なにものかが憑依している」（伊藤、二〇〇三、一一八頁）。

柳は一九四二年刊行の『工藝文化』で、職人が作る「実用の品物」について次のように記している。「彼らの歩いた道は意識の道ではなかった。知識が異常に発達した今日からするなら、無学な職人達の一生を気の毒にも思えるであろう。そうして意識の乏しい仕事が、如何に近代の美にそぐわないものであるかを考えるかも知れない。しかし意識の道が唯一の道であるかどうか。またそれを最後の道と考えていいかどうか。またかかる道を職人達に望むことが、それ自身正しいかどうか。無意識の道を歩めばこそ、彼らに優れた仕事が許されるのではないだろうか」（柳、一九八〇b、四九〇頁）。

今日からすれば柳の描く職人像が古めかしく見えてしまうのはさておき、柳が用いている無意識という言葉は精神分析と直接結びついているわけではない。しかしながら、柳の師・鈴木大拙は既にこの時期、ユングの「分析心理学などに言う『無意識』と仏教の『無分別智』との関連」について思索を深めていた（鈴木、二〇〇〇、二三五頁）。「無意識の道」が活かされるべきと考える点では、民藝と精神分析を横並びにするのも可能だと思う。

4　物の次元

ただ、「無意識の道」と言えば、あまりに抽象的な話だと思われるだろうが、この道を具体的な物の次元で捉えようとしたところに柳の真骨頂がある。この点で柳は鈴木大拙を継承しつつも一歩踏み出している。妙好人である下駄職人・浅原才市について大拙は次のように書いている。「下駄を作りながら口ずさんだ歌の一つで、彼は『下駄は喜び、才市の喜び、ナムアミダブツ』と言っています。これはまことに意義深い。現代では生産ということが広く論議されています。機械によって作り出される一切の生産品は、才市が下駄を作りながら感得する喜びを伴っていません」（鈴木、一九八三、一〇五―一〇六頁）。大拙の妙好人論に共鳴した柳は、工芸品それ自体に対しても同じ言葉を用いて「妙好品」という言葉を作り出した。

大拙が漠然と捉えていた物の次元を、柳はより明確に捉え直していく。例えば、柳は「かけがへのない人――鈴木大拙先生のこと」（一九五九年）の中で次のように記している。「大拙先生の著述は、今では夥しい数に上るであろう。総目録でも作ったら一冊子に編まれるほどの分量があるに違いない。しかし、その内容は別として、先生の以前の著書にはろくな製本や装釘のものがない。これは、こういうことに余りこだわらない先生の性質に依ることかも知れぬが、一つには先生の著作を出した出版所自身がそういう事に全く無関心であったためとも思われる。金玉の文字が、瓦礫の装釘で世に出るのは如何にも惜しいと私は、いつも思っていた」（柳、一九八二a、四八一頁）。大拙が拘らなかったところに柳の拘りがある。

妙好人から妙好品へと向かった柳による物の次元への拘りは、工芸の技法に対する具体的な好みにも表れている。信楽焼の流し釉による壺の美しさについて柳は『工藝の道』（一九二八年）の中で次のように書く。「信楽の作では絵附のものが少ない代りに、流し釉の手法が著しく進んだ」。「この手法は焼物にとって一番素直な自然な装飾法と云えよう。そうしてこの流し釉の手法こそ日本の焼物の一大特色と云っていいのである」（柳、一九八〇ａ、二四〇頁）。

焼き物に模様をつける技法は様々だが、柳はその中でも流し釉に注目する。意識による制御が比較的やりやすい絵付ではなく、意識を超えた他からの力に頼る部分が多い流し釉に日本民藝の神髄を見出そうとする。柳の盟友である濱田庄司や河井寛次郎の陶芸技法にも同じような傾向が見受けられると思う。例えば、河井が民藝に開眼する前と後の作品を見比べれば、少なくとも一面において、精緻な意識から無意識への劇的な転換がある。

柳の審美眼にとっては、釉薬の微妙な流れによって生まれる模様は単なる偶然の産物ではなかった（阿満、一九八七、一四四頁）。それが単なる偶然の産物にしか思えないのは、偶然と必然を常識的な二分法で分けてしまう考えにとらわれているからに過ぎない。そのような二分法から脱却できれば、流し釉による模様の背後に他からの力の印を見出せるはずである。常識的な二分法という世俗の価値を超えていこうとするこの姿勢は、一九一五年のリーチ宛書簡で吐露された神秘主義への関心が形を変えた結果と言えよう（鎌田、二〇〇六、二九頁）。

5　偶然と共時性

偶然に対して偶然以上の深い意味を与えるのは、何も宗教的観点に限らない。精神分析でも偶然に対して新しい意味が与えられた。例えばＣ・Ｇ・ユングは「共時性《シンクロニシティ》」という概念を唱えた。彼はこの概念を用いて、普通は単なる偶然の一致として済まされてしまう、複数の現象の「同時発生」に「重大な意味」を与えている（プロゴフ、二五頁）。柳と同時代を生きたユングは超心理学的現象に対して関心を抱いていたが、共時性はその関心と深く結びついている。彼の出発点となる博士論文は「いわゆるオカルト現象についての心理学と病理学」（一九〇二年）という題名だった。

ただしフロイトは、ユングのこのような偶然性解釈に批判的だった。フロイトは既述のようにイギリスの心霊研究協会との関わりがあったにもかかわらず、心霊現象に対しては慎重な態度を守ったからである。しかしフロイト自身も、言い間違いという偶然的な出来事の背後に話者の無意識の欲望が隠されているという主張をしたという点では、ユングとは形は違うが、偶然に新しい意味を与えたと言えなくもない。ユングや心霊主義に対するフロイトの警戒心は、単なる対立として片付けられない複雑さを孕んでいる（上山、一九八九、三四七頁）。

ともあれ、ユングがフロイトに抗して偶然に独特の深い意味を与えたのは確かであろう。それと同様に柳は、中国陶磁を世界標準とする正統的な美意識に抗して、偶然の産物として済まされかねない流し釉技法に新たな意味を与えた。それは、中国が誇る精緻な技巧を極めた焼き物、そしてそれを高く評価する西洋の美術批評家達の価値観からはこぼれ落ちてしまう日本の焼き物の美に新しい意味を与える試みだった。

茶道の美意識等の例外はあったが、それまでの美的観賞の言葉では捉えづらくて明確に名付けられなかった美に新しい名前を与えたことが、民藝の発見だった。それは、どこか山奥や海の彼方に未知の美を見出すという探検家の仕事よりは、目の前の患者の症状に、患者本人も知らず言語化されてもいない何かを見出し、それに無意識という名前をつけた精神分析家の仕事に似ている。

柳は無名の工人達の当たり前の品々に驚嘆すべき美を見出したが、ユングは普通の患者達の夢の中に専門家しか知らないはずの古代の叡智が垣間見られるのに驚いた。柳もユングも宗教性を、いにしえの聖人達のような特別な存在ではなく、今目の前にいる日常的な存在の中に見出そうとする。柳の場合、それは無名の職人達であり、ユングの場合は、神話や宗教に格別の関心を持たない普通の患者達である。柳もユングも、あまりに遠いゆえではなく、あまりに近すぎるがゆえに本人によってすら気づかれていない何かの発見者なのである。

柳とユングという二人の同時代人については他にもマイスター・エックハルトやウィリアム・ブレイクを高く評価したこと等、いくつか共通点を挙げられるが、同時期に二人がそれぞれ異文化と出会ったことがインスピレーションの源であった点も似ている。ユングの場合、アフリカとの出会いの意味は大きかった。様々な共通性の下で、柳は〈民衆〉を〈発見〉し、ユングによる集合的無意識の発見は一九一六年頃から始まる。

確かにこれら二つの概念は明らかに異なっている。しかし、柳が発見した民衆は必ずしも社会科学的な意味での民衆ではなかった。したがって、社会科学的な立場から柳が批判を受けがちなのは当然だろう。柳の言う民衆はむしろ、無意識概念とのつながりで考えた方が納得しやすい場合もあるのではないだろうか。

6　二つの経典、二つの道

とは言え、柳とユングの間には関心の類似性と共に、当然ながら違いもある。実は二人とも、一九四〇年代半ばというほぼ同じ時期に浄土系の仏教思想に関心を寄せている。すなわちユングは一九四三年に「浄土の瞑想」という文章を書いて、「観無量寿経の瞑想法について心理学的解説を加えた」（湯浅、一九八三、三四頁）。他方で柳は一九四八年に仏教美学の礎を大無量寿経の中に見出している（中見、二〇〇三、二七一頁）。浄土信仰を支える浄土三部経のうちの二つの無量寿経に対して、二人はほぼ同時期に関心を向けた。

だがここでは、大無量寿経と観無量寿経の違いに注目せねばならない。ユングが注目したのは観無量寿経の方である。この経典は「瞑想法の経典であるとともに、浄土のイメージを具体的に描写しているために、芸術表現に深い関係があった」。この経典の中心は「瞑想の力によって浄土を見る方法」と関わっており、それは定善観と呼ばれている。ユングはこの定善観に関心を向けた（湯浅、一九八三、三五頁）。ところが、同じ経典の終わりの方では、瞑想イメージではなく仏の名を称えることを重視する散善観が部分的に導入されている。実はこの散善観の方を重視する解釈が、鎌倉時代以降の日本での浄土系仏教に大きな影響を与えた。しかしながらユングは散善観には関心を向けなかった。

ユング心理学と東洋思想の両方に造詣の深い湯浅泰雄は次のように記している。「ユング心理学の立場に立ってみると、観経[観無量寿経：引用者注]の瞑想法は、いわゆる能動的想像aktive Imaginationの方法と関係がある。能動的想像というのは、心中に起こってくる夢や観念などのイメージを、抑圧することなく、自然に、自由にはたらかせながら、具体化してゆく方法である。描画や箱庭療法やフィンガー・ペインティングなどは、その手段である」(湯浅、一九八三、三六頁)。つまり、今日に至る様々なユング的技法は、観無量寿経における定善観の世界と親和的である。ユングが描いた独特な曼荼羅イメージはこの観点から捉えられるのではないだろうか。

日本においても鎌倉時代以前、平安仏教においては定善観の方が支配的だった。町田宗鳳によれば、法然は定善観による「幻視体験」によって浄土を目の当たりにした。「源信や法然を含めて、平安の浄土教者が実践していた観仏の方法」は「深層心理学の立場から、ユングが語った能動的想像力(active imagination)という概念に非常に似ている」(町田、一九九七、八四頁)。しかし法然は中国の僧、善導の観無量寿経解釈に導かれて、この経典の圏内に留まりながらも定善観から散善観へと、言い換えれば自力から他力へと次第に移行していった。

法然を継承した親鸞は、他力的な散善観に潜在する可能性を極限まで推し進め、遂に定善・散善の二元性をも乗り越えて絶対他力を志向した。それはまた、法然の浄土宗の観無量寿経重視から、親鸞の浄土真宗の大無量寿経重視への転換でもあった。このように、自力的な要素も入ったイメージ瞑想(観仏)から、イメージすら拒絶して仏の名を称えることで他力を極める道(称名)へと転換していった道筋は、信仰の担い手が貴族から民衆へと変わっていった歴史とも重なる(湯浅、一九八三、三五頁)。「論理の人」である親鸞は「法然が浄土の幻視という特殊体験を通じて構築した専修念仏を、論理性のある形で定義づけ、普遍的なドクトリンに転換していく使命が与えられていたといえる。その目的のためには、法然があれほど色彩豊かに目撃した阿弥陀仏でさえ、抽象化する必要があった」（町田、一九九七、二二二頁）。それは、通常の意味での美的なるものを峻拒する態度へとつながっていく。

柳宗悦が戦後の著書『美の法門』において、自らの仏教美学の拠り所を見出したのは、大無量寿経の中である（中見、二〇〇三、二七一頁）。絵画性を拒否し、モダンデザインへつながるような抽象性を示す民藝美は、神秘主義から始まった柳の宗教に対する関心にその源の一つを見出せるのではないだろうか。

7　作ることの神秘

柳は大無量寿経の中に自らの仏教美学の根幹を見出した。しかし、書かれた教義の意味内容に惹きつけられただけではない。眼の人であった柳にとって浄土真宗の色紙和讃もまた、意味内容の集積である以上に一つの作られた物だった。柳は、文字それ自体の美しさに惹きつけられた。意味内容という宝を収める蔵としての文字が、意味内容以前に柳の心を捉えたのである。

このような、美の門前で不意打ちのように美と出会う体験は過去にもあった。柳が木喰仏に出会った経緯がそれである。彼は最初から意図的に木喰仏を見出そうとしたのではない。「木喰上人発見の縁起」（一九二五年）によれば、浅川兄弟の知人の朝鮮陶磁コレクションを見に出かけた柳は、そのコレクションの収蔵庫の前に無造作に置かれた木彫仏に魅了された（柳、一九八一b、二五八頁）。重要だと既に意識されている物の手前にあって、眼に見えていながら意識されない物。絵画にとっての額縁のような物。そのような物への感受性が柳の方法だった。その営みには、直観という名が与えられるだろう。

浄土経典の文字に魅了された柳は自らも、ある種の無個性と呼べるが、それでいて、すぐに柳の手と分かる文字を書き残した。その逆説的な個性／無個性の発揮の仕方は、民藝運動を共に推し進めた仲間達の作品にも共通しているように思われる。

大無量寿経が指し示す抽象性は、柳においては文字への注目という形で表された。しかしこのことは、民藝の思想にとって一つの難題をもたらす。なぜならば、抽象性を追求し他力を極限まで突き詰めていく浄土真宗の周辺には、思ったほどには工芸品の華が開かなかったように柳には見えたからである（中見、二〇〇三、二八五頁）。民藝を支える仏教美学の基盤として柳が見出した鎌倉時代の浄土真宗がなぜ一際美しい工芸を生み出さなかったのか。

このような未解決の問いはともかくとして、大無量寿経に導かれて柳が辿り着いた文字それ自体の美は、別の形で民藝に繋がっていたと思われる。その点は、柳の「刷毛目の神秘」から窺える。「刷毛目の神秘」は、柳の晩年一九五四年に発表された文章で、焼き物の装飾技法である刷毛目について論じている。

焼き物の土と一口に言っても、良い土もあれば悪い土もある。良い土ならば、何の装飾も付け加える必要がないだろう。しかし、悪い土の場合、その欠点を補うための技法が様々ある。その一つが、悪い土で作られた焼き物の上に美しい白い泥をかぶせて焼く白掛けである。この白掛けにも二種類ある。一つは、器全体にたっぷりと白い泥を掛ける、あるいは泥の中に漬けるやりかた、すなわち漬け掛けである（柳、一九八二b、一〇五頁）。もちろんこの技法は効果としては万全だが、そのために白い泥を十分に用意する必要がある。一点物の芸術作品ならいざ知らず、数をこなす日用品生産の場では、一点当たりどれだけの泥を使うかはコスト上無視できない問題である。そこで、日用雑器作りでは、もっと経済的なやり方が用いられた。それが刷毛目である。器全体を白泥で覆うのではなく、刷毛を使って表面の一部にだけ塗りつける。当然、それ以外の部分は下地が露出したままで焼かれることになる。

柳によれば、西洋には漬け掛けはあっても刷毛目はないと言う（柳、一九八二b、一〇六頁）。なぜなら、このような不完全で規則性のない技法は、西洋人には不調和にしか見えないからだろう。ならば、刷毛目はどこで発達したのか。それは東洋とりわけ朝鮮王朝時代の朝鮮においてである。では、朝鮮の陶工達は不規則の美を求めて刷毛目を追求したのだろうか。そうではない。それはあくまで日用雑器を作る窯場の経済的必要から生じた技法に過ぎない。そこには、美しい物を作ってやろうという意図が立ち入る隙はなかった。

ところが当時の日本の茶人達は刷毛目に未聞の美を見出した。このような「日本人の眼」を柳は高く評価するが、重要なのはその次である。一旦見出された刷毛目の美だが、当然予想されるように、日本の茶人達は日本でも同じような物を作ろうと試みた。しかし「その美しさが分った上で『作る』という段階に入りますと、惨めに失敗を重ねました。決して朝鮮の刷毛三島を乗り越えることは出来ませんでした」と柳は言う（柳、一九八二b、一〇八頁）。朝鮮の刷毛目が必要から生まれたのに対して、日本の刷毛目は最初、鑑賞家達の眼から生まれた。ここに絶対的な違いがある。朝鮮の刷毛目では「作る者は隠れ、材料や道具に任せ切った仕事として」成り立っている。このような仕事のありようが「却って奔放な無碍な味いを生む神秘な泉」となるのである（柳、一九八二b、一〇九頁）。

ただ、これで話が終わるわけではない。以上のような、作ることと意識の逆説については当時の日本人達も気づいていた。そこで、「禅僧に刷毛目を作ってもらってはという考え」が生まれた。「悟入した高僧なら、こだわるところなく自由に刷毛が引けるであろう」というわけである。柳はこのような試みについて「ここまで考えぬいたことに、日本人の見方の細かさを感じます」と、限定的ながら評価を与える。

しかしもちろん、このような試みがうまくいくわけはない。確かに悟りを得た優れた禅僧ならば、自在な線が引けるかも知れない。しかし、作るという営みはその先にある。「工芸の仕事は信心や思索の深さだけでは、容易に成就は致しません。材料や道具や手法は、すぐには作る者に自由を許さない」のだから（柳、一九八二b、一一〇頁）。物は作り手にとって、他からの力なのである。物作りの次元は、信仰や思索の次元と深く結びつきながらも、やはり別次元である。優れた禅僧ならばこの違いが分からないはずはないので、どんなに達筆な悟達者でも、美の模倣のために筆を揮うなどという愚行に手を染めるはずはなく、「自分の力には余る」と謙虚に断るであろう。実はその謙虚の刹那にこそ、刷毛目の美への扉が開かれる。

「刷毛目の神秘」という文章は一見すると、「日本人の眼」の優秀さを語っているようにも見える。だがその主眼はむしろ、「日本人が犯した誤謬」と同じ誤謬を、刷毛目の美に目覚めつつあった西洋の人々が繰り返さないように警告する点にあったようだ。「この刷毛目こそは作る者の心に向って厳しい問題を投げかける」(柳、一九八二b、一一三頁)。

それではなぜ、この文章で禅僧が呼び出されてきたのだろうか。もちろんそれは、禅の高僧達が書の達人だからであろう。戦後、大無量寿経への注目を経て柳は、文字を書きつける筆と手の問題に行き着いたが、それは、かつて柳が心を奪われた朝鮮の焼き物に特徴的な刷毛目技法の問題へとつながっている。晩年の柳はそのつながりを「刷毛目の神秘」という題名の下にまとめた。実はこの文章の中で、神秘という言葉は、先ほど言及した一か所でしか登場しないし、詳しい説明は何もない。だがそこには、民藝以前の若き日の神秘主義への関心が半世紀をまたいで蘇っているのではないだろうか。入退院を繰り返す晩年の柳はこの短い文章において、自らの生涯の思索と活動を神秘の一語で要約しているように思われる。

柳が刷毛目に見出した手の自在さとは何だろうか。刷毛目は、絵付や模様のような装飾技法と違って、ある定まった形象へと収斂しない。むしろ、偶然こそがこの技法を支えている。しかし柳はその偶然に民藝独特の必然を見出す。

既述のように、ユングの共時性はこの点で柳の関心と接近している。にもかかわらず、ユングが描いた曼荼羅的図像から受ける印象と柳達の民藝から受ける印象は大きく違う。それはなぜだろうか。「刷毛目の神秘」の言葉を用いれば、ユングの図像の作り方は漬け掛け的である。それは、筆を動かす手の一瞬の動きが孕む偶然性と必然性ではなく、既にユングの頭の中に存在するイメージを筆ができるだけ忠実に再現しようとしている。それはまた、観無量寿経が、浄土の姿をいわば忠実に具体的に再現しようと言葉を駆使する様子と似ている。金銀宝玉が散りばめられた浄土を描き出すその表象再現性は、大無量寿経を重視した浄土真宗が、言葉の背後の意味ではなく、言葉それ自体に肉薄し抽象性を追求していったのとは対照的である。民藝が現代生活に取り入れやすいのは、この抽象性のおかげではないだろうか。

柳の民藝は、若き日と晩年の両時期における神秘主義への関心によって縁取られている。民藝が絵画だとすれば、神秘主義はその額縁である。絵画は絵画として、額縁とは切り離して論じるのが普通かも知れない。しかし、額縁にも目を向けることで、絵画を別の視点から見ることもできるだろう。そのような視点から見れば、柳が切り開いたのは、神秘主義からモダンデザイン的抽象性へと至る道であり、それは、二〇世紀前半における広い意味での無意識的なるものに対する関心という時代思潮の上に敷かれた道だったのである。

参考文献

阿満利麿（一九八七）『柳宗悦――美の菩薩』リブロポート
一柳廣孝（一九九四）『〈こっくりさん〉と〈千里眼〉――日本近代と心霊学』講談社
伊藤徹（二〇〇三）『柳宗悦　手としての人間』平凡社
上山安敏（一九八九）『フロイトとユング――精神分析運動とヨーロッパ知識社会』岩波書店
ジャネット・オッペンハイム著、和田芳久訳（一九九二）『英国心霊主義の抬頭――ヴィクトリア・エドワード朝時代の社会精神史』工作舎
鎌田東二（二〇〇六）「手わざの発見と神秘主義技術――柳宗悦　美と聖性の内奥へ⑨」『春秋』四八三号、春秋社所収
鈴木大拙著、佐藤平訳（一九八三）『真宗入門』春秋社
鈴木大拙（二〇〇〇）『新版　禅と念仏の心理学的基礎』大東出版社
中見真理（二〇〇三）『柳宗悦――時代と思想』東京大学出版会
イラ・プロゴフ著、河合隼雄・河合幹雄訳（一九八七）『ユングと共時性』創元社
町田宗鳳（一九九七）『法然――世紀末の革命者』法藏館

水尾比呂志（二〇〇四）『評伝　柳宗悦』筑摩書房
柳宗悦（一九八〇ａ）『柳宗悦全集　著作篇　第八巻』筑摩書房
柳宗悦（一九八〇ｂ）『柳宗悦全集　著作篇　第九巻』筑摩書房
柳宗悦（一九八一ａ）『柳宗悦全集　著作篇　第二巻』筑摩書房
柳宗悦（一九八一ｂ）『柳宗悦全集　著作篇　第七巻』筑摩書房
柳宗悦（一九八二ａ）『柳宗悦全集　著作篇　第十四巻』筑摩書房
柳宗悦（一九八二ｂ）『柳宗悦全集　著作篇　第十七巻』筑摩書房
柳宗悦（一九八九）『柳宗悦全集　著作篇　第二十一巻上』筑摩書房
湯浅泰雄（一九八三）「編訳者序説　ユングにとっての東洋」Ｃ・Ｇ・ユング著、湯浅泰雄・黒木幹夫訳『東洋的瞑想の心理学』創元社所収

終章　民藝の新たな可能性

本書では、世を去って久しい柳宗悦とこれまでの民藝について取り上げてきたが、日本中の民藝館は現在も活動中であり、今も民藝は作られ続けている。したがって、自ら工芸店を営みつつ月刊『民藝』の編集にも携わる高木崇雄が近著『わかりやすい民藝』において、歴史を踏まえた上で同時代とこれからの民藝について積極的に論じているのはごく自然なことである。

高木の本の巻末にはブックガイドが付されているが、「〈民藝〉を掘り下げる」グループと「〈民藝〉とつかず離れずな」グループと「〈民藝〉との距離感をはかりつつ読んでほしい」グループの三群に分けられている（高木、二〇二〇、三一七頁）。第一グループには、柳・濱田・河井等の著作が挙げられ、第二グループには宗悦の息子達、工業デザインの宗理、芸術史の宗玄、園芸学の宗民の著作等が挙げられている。その多彩なラインアップは、民藝の思想が領域を横断しているのを示唆している。

これら二つのグループに比べても際立って特徴的な選書が第三グループであり、そこではミシェル・フーコーの『言葉と物――人文科学の考古学』、ダグラス・R・ホフスタッター『ゲーデル、エッシャー、バッハ――あるいは不思議の環』、ポール・グレアム『ハッカーと画家』等が挙げられている。『ハッカーと画家』について高木は、「ものを作る、生み出すというのは、必ずしも手工品だけのことではないはずです。むしろプログラマーのように、手でコードを書き、世界を作り出していく人々こそ、『手工』という言葉の機微を理解しているのではないか、と思うことがあります」と書いている（高木、二〇二〇、三二九頁）。これほどの距離感を持つ民藝論は今まで少なかったように思う。

「距離感をはかりつつ」という姿勢は、高木が描く民藝の特徴である。「〇〇だから民藝」（例えば、手作りだから民藝、日用品だから民藝）という姿勢を彼は批判し、「〇〇にもかかわらず民藝」という逆説的姿勢を重視する（高木、二〇二〇、一三六頁）。柳達は、当時の支配的な美意識から距離を取りつつ、むしろそれを逆なでする形で、自分達の眼差しが見出した物の美しさを信じた。したがって、その精神を発展的に継承するならば、機械生産であるにもかかわらず民藝という判断すらあり得る。

だとすれば、ネット文化のカリスマの著作がブックガイドに含まれていても不思議ではない。高木も指摘するように、民藝は復古ではなく、同時代において自明視されている暗黙の了解を括弧に入れた上で相対化しようとする革新的姿勢を本来内包している。柳は「当時の、帝国化にともない一元化する社会や、『帝展工藝部』『工藝美術家』といった『制度化された美』に抗うための批評として文章を書いていた」（高木、二〇二〇、一三六頁）。

既成の常識に対して距離感をはかる柳の思想と実践は、本人が意図したかどうかにかかわらず、社会運動的な色合いを帯びている。社会運動の原動力とは、既存の現実〈にもかかわらず〉それを変更しうるはずと考える距離感なのだから。

高木は、民藝の代名詞と思われてきた〈用の美〉に対しても疑義を呈している。高木によれば、柳自身が〈用の美〉という言葉を使っていたわけではない（高木、二〇二〇、一四五頁）。ただし、「用即美」という言葉は好んで用いていた。一般的には、〈用の美〉は、既存の二〇世紀美学の用語である機能美と似た意味として理解されがちであった。物の機能性が自ずと美しさを生み出すのだと。だが高木は、柳の「用即美」はそのような意味合いではなく、「用が美を生み出す元となる」わけではないと言う（高木、二〇二〇、一四五頁）。

柳と民藝における用という言葉の意味合いを再考する必要性については、濱田琢司の「民具と民芸とモノの機能」においても論じられている（濱田、二〇一五）。濱田によれば、そこにこそ民具と民藝の新たな交差点を模索する手がかりがある。ちなみに鞍田崇は、濱田琢司が監修した『あたらしい教科書　民芸』が二一世紀における新しい民藝への共感の先駆けとなったとして評価している（鞍田、二〇一五、三九頁）。

「用即美」という柳本来の言葉を、「にもかかわらず」という姿勢から捉え直せば、〈用であるにもかからず美である〉と理解できるだろう。そこには東洋思想的な「即」の観点が見出せる。用と美は、西洋的な論理によってスムーズに繋がるのではない。柳の生きた時代、つまり古典的な西洋美学が無条件に受け入れられていた時代、用と美は分断され、その分断が当然視されていた。屏風を始め日本の多くの工芸品は、用と美が分断されていないにもかかわらず、美術館は、用から切り離された美の住まいとなっていた。そして逆に、用の場から真の美は消滅していった。そのような社会の現状に対して異議を申し立てることが「用即美」の主張ではなかっただろうか。

大沢啓徳は『柳宗悦と民藝の哲学――「美の思想家」の軌跡』において、柳の生涯を通じて「即如」について論じている。大沢は、柳が「大学における思想研究としてではなく一般的な文芸誌において、中世哲学・神秘思想を語ったということ」を評価すべきだと言う。「明治から大正にかけて日本に宣教されたのは、その多くがアメリカ経由のプロテスタントであった。そうしたなかで柳は、プロテスタントではないキリスト教、すなわちカトリックの要諦である中世哲学・神秘思想を、アカデミズムの枠を超えて、広く一般に知らしめようと努めた。そしてそこに東洋思想との一致を見出し、『即如』という述語の提示によって、究極的な局面における東西の融合を――普遍的な人間性の表現を――試みたのであった。そのような自由さ、柔軟さは、柳が純粋な『研究』者ではなかったからこそ実行しえたのだということもできるだろう」（大沢、二〇一八、七三頁）。

柳の「自由さ、柔軟さ」は、「にもかかわらず」という姿勢だけでなく、理論と実践の間を軽快に横断する姿勢にも表れている。そのような営みの集積が、民藝を研究ではなく一つの運動として形作っていった。

高木は、自ら工芸店を営み、大学院で民藝について研究した、「知識と実践」を「車の両輪」としている実践者である（高木、二〇二〇、二六六頁）。彼は「ものづくりの生態系を保つことが工芸店の仕事」だと位置付けている（高木、二〇二〇、二六八頁）。また、「もし壊れたりしても、金継ぎや漆継ぎ等の直しをして自分専用のものとして楽しめばいいし、本当に直せなくなったなら、また買えばいい。買い換えることだって、産地という生態系を支える大切な循環です」とも記している（高木、二〇二〇、三一二頁）。ここで生態系という言葉が用いられている点に、物質文化の過剰なまでの豊かさとその脆弱さを実際に体験してきた今という時代を感じる。

天才的作家個人による掛け替えのない一点物の作品を主な対象とする近代美学が唯一の物と唯一の作り手に注目するのに対して、多数の工人達が日常的に多数作り出す工芸品を対象とする民藝は、一見すると古めかしく見える。だが見方を変えれば、物と作り手と使い手との間に成り立つ微妙な生態系に注目するという点では、現代的でもある。分類学ならば一個体だけでも成り立ちうるかも知れないが、生態学は多数でなければ成り立たない。比喩的に言えば柳は、普通の物と普通の人々とが織りなす生態系の〈今、ここ〉の姿をフィールドワークによって捉えた上で、そのメカニズムへ実践的に介入しようとした。それは客観的な立場からの純粋な観察や研究ではなく、選択と集中による能動的な営みだった。つまり、物を網羅的に採集し整理整頓して標本箱へ美しく収めようとする分類学を目指したわけではなかったのである。

物の誕生から死までを含む生態系を考える上で、災害という視点は重要な位置を占めている。災害は物の大量破壊を伴うからである。この言葉はとりわけ現代日本におけるキーワードの一つとなってきたが、近年、この視点から民藝に注目する傾向が生じてきた。そのきっかけの一つは東日本大震災である。民藝運動と関わりの深い東北の窯場や、北関東に位置する益子焼も、震災によって長きにわたる被害を受けてきた。その土地とそこで生きる普通の人々による日々の生活の営みが、大災害によって唐突に断ち切られた。

自由に移動できる近代的個人という考え方では、場所を変えて産業復興を目指すという発想法もあるかも知れない。ちょうど、関東大震災の後、東京の知識人達が関西へ移住して活動したように。しかし、〈今、ここ〉と密接に結びついた日用品の生産は、そう簡単に場所を変えるわけにはいかない。特定の個人に依拠しない民藝だからこそ、その日常的な営みが蘇るためには、同じその場所での復興を目指さざるを得ない。

それだけでなく、人にとって物とは何かという根本的視点から、物質文化を考え直す必要性が生じてきている。そのような視点は、鞍田崇や中沢新一の発言から読みとれる。中沢は次のように言う。「特に『3・11』以降、日本人が向かっていかなくてはならない世界で、柳宗悦と民藝というのはひとつの灯台になるんじゃないかと思っています。時代的な制約もあるし、美ということにつきまとう危険性とか色んな問題があるにしても、民藝というコンセプトはこれからとても大事になっていくだろうと思うんです」（鞍田崇＋編集部編、二〇一二、二三頁）。中沢は「『3・11』以後で見えてきたもの」として、「日本人が東北というのを再発見した」点を挙げる（鞍田崇＋編集部編、二〇一二、二三頁）。

柳宗悦と民藝運動の特徴の一つは、全ての場所が均等に注目されているわけではないという点にあると思う。一見すると民藝は全ての地方を同等に高く評価しているかのように思われるかも知れない。つまり、田舎で作られた手作り品はどれも素朴で心がこもっていて素晴らしいと。だが実際は、柳はいくつかの特別の場所に特別の関心を抱いていた。本書においても、朝鮮と沖縄が繰り返し取り上げられているのはそのためである。そして朝鮮・沖縄と並んで柳にとって重要な場所は東北だった。

現代日本の社会学においても、全ての地方が均等に研究関心を向けられているわけではない。いくつかの偶然も作用した結果として、柳が出会いそして魅了された朝鮮半島・沖縄・東北という場所は、社会学者達の強い関心が向けられ、多彩な調査研究がなされてきた。これは単なる偶然の一致だろうか。民藝の誕生から百年を過ぎた現在、この一致について考え直すのは意味があると思う。

『工藝文化』（一九四二年）の中で柳が、工芸の問題に「社会学者」が関わることの意義について語っていたのは示唆的である。「健全なる社会を組織せしめる原理と、健全なる美を構成せしめる原理とは二つであろうか。正しい工藝文化を有たずして、社会の幸福を保障し得るであろうか」（柳、一九八五、二五二頁）。

東日本大震災から一〇年以上が経ち、二〇二〇年から始まったコロナ禍によって強いられた「巣ごもり生活」の中で、人と物との向き合い方が問われた。その日々は、韓流時代劇の中でごく自然に朝鮮陶磁を目にする日常でもあった。コロナ渦のただ中、二〇二一年春には、民藝の歴史ともゆかりのある銀座の「無印良品」において民藝の展覧会が開催された。そして二〇二一年秋から二〇二二年にかけて、東京国立近代美術館で「柳宗悦没後60年記念　民藝の100年」展が開催された。敢えて「東京」「国立」「近代」「美術館」という場所で民藝の大回顧展が開催されるのは示唆的である（花井、鈴木、二〇二一、八頁）。それは、この一〇〇年間にわたる日本の自己反省の営みに連なっている。柳宗悦と民藝は二一世紀に至ってもなお、その時々の〈今、ここ〉の問いに関わり続けているのである。

参考文献

大沢啓徳（二〇一八）『柳宗悦と民藝の哲学――「美の思想家」の軌跡』ミネルヴァ書房
鞍田崇＋編集部編（二〇一二）『〈民藝〉のレッスン――つたなさの技法』フィルムアート社
鞍田崇（二〇一五）『民藝のインティマシー――「いとおしさ」をデザインする』明治大学出版会
高木崇雄（二〇二〇）『わかりやすい民藝』D&DEPARTMENT PROJECT
花井久穂、鈴木勝雄（二〇二一）「「民藝の100年」展を編集する――展覧会の見取り図」『「柳宗悦没後60年記念展　民藝の100年」展図録』東京国立近代美術館、NHK、NHKプロモーション、毎日新聞社所収
濱田琢司（二〇一五）「民具と民芸とモノの機能」『人類学研究所 研究論集』第2号、南山大学人類学研究所所収
柳宗悦（一九八五）『工藝文化』岩波書店

初出一覧

序　章　書き下ろし

第1章　「民藝――物とどう向き合うのか？」山泰幸／足立重和編著『現代文化のフィールドワーク入門――日常と出会う、生活を見つめる』ミネルヴァ書房、二〇一二年二月、一二九―一四七頁

第2章　「『作ること』『使うこと』からその先へ――〈もの〉をめぐる柳宗悦思想の可能性」伊藤徹編『作ることの視点における1910―40年代日本近代化過程の思想史的研究』成果論集（平成19年度科学研究費補助金助成基盤研究（B）（19320019））、二〇〇九年三月、一一一―一二二頁

第3章　「郷土のもの／郷土のこと――民俗学・民藝・民具研究」「郷土」研究会編『郷土――表象と実践』嵯峨野書院、二〇〇三年六月、二〇四―二二五頁

第4章　「郷土の地図を描く柳宗悦――『現在の日本民窯』と『手仕事の日本』」『地理思想および社会思想としての「郷土」に関する研究』（課題番号19320132）、2007～2009年度科学研究費補助金（基盤研究（B））研究成果報告書、二〇一〇年三月、研究代表者　大城直樹（神戸大学大学院人文学研究科）四九―五七頁

第5章　「柳宗悦の二つの関心――美と社会、そして朝鮮」デザイン史フォーラム編（藤田治彦責任編集）『アーツ・アンド・クラフツと日本』思文閣出版　二〇〇四年一〇月、六一―七〇頁

第6章　「柳宗悦と朝鮮陶磁――茶道の継承と批判という視点から」熊倉功夫・吉田憲司共編『柳宗悦と民藝運動』思文閣出版、二〇〇五年三月、二五〇―二七二頁

第7章　「『韓国』陶磁の二十世紀と柳宗悦――植民地期から解放後へ」デザイン史フォーラム編（藤田治彦責任編集）『近代工芸運動とデザイン史』思文閣出版、二〇〇八年九月、二六五―二七六頁

第8章　「作り手の深層――柳宗悦における神秘と無意識」伊藤徹編『作ることの日本近代――一九一〇―四〇年代の精神史』世界思想社、二〇一〇年一〇月、三五―五八頁

終　章　書き下ろし

あとがき

京都の清水焼の焼き物工場で働いていた私が、正統的な京都工芸ではなく民藝に関心を持つようになったのは、亡き父・姜在彦の蔵書にあった鶴見俊輔『柳宗悦』や柳宗悦『朝鮮とその芸術』のせいだったかも知れない。私が日本の学校へ通い始めたのは、ようやく小学六年生になってからだった。

社会学の大学院生として、京阪神の色々な場所で民藝研究会に参加してきた。関西学院大学もその一つである。研究会では、一人一ジャンルという感じで皆専攻がばらばらで、共通しているのは民藝に魅せられているという一点だけだった。それほど当時、民藝の研究は一般的ではなかったのだと思う。本書各章の初出が多様なのもその反映である。その節は、各編者の先生方には大変お世話になった。

最初の研究会は、喫茶店「進々堂　京大北門前」での二人だけの勉強会だったと覚えている。その人は若くして亡くなった。黒田辰秋作の机の黒光りする佇まいは今も鮮明に覚えている。

各章の初出の場を与えて下さった多くの方々に改めてお礼申し上げます。なお本書は、日本学術振興会の二〇二四年度科学研究費助成事業・研究成果公開促進費（24HP5115）の助成を受けました。ありがとうございました。最後になりましたが、縁もゆかりもない私の本を出していただき、関西学院大学出版会の皆様、とりわけ戸坂美果さんと松下道子さんに篤くお礼申し上げます。

著者略歴

竹中 均（たけなか・ひとし）

1958年生まれ
早稲田大学第一文学部社会学専修卒業
大阪大学大学院人間科学研究科社会学専攻博士後期課程単位取得満期退学
博士（人間科学）
神戸市外国語大学教授を経て、現在、早稲田大学文学学術院教授
専攻は理論社会学、比較社会学

著書として、
『柳宗悦・民藝・社会理論――カルチュラル・スタディーズの試み』明石書店、1999年
『精神分析と社会学――二項対立と無限の理論』明石書店、2004年
『自閉症の社会学――もう一つのコミュニケーション論』世界思想社、2008年
『精神分析と自閉症――フロイトからヴィトゲンシュタインへ』講談社、2012年
『自閉症とラノベの社会学』晃洋書房、2016年
『「自閉症」の時代』講談社、2020年
『自閉症が文化をつくる』世界思想社、2023年
がある。

柳宗悦と民藝
物と場所の思考

2024年9月15日 初版第一刷発行

著　者　竹中 均

発行者　田村 和彦
発行所　関西学院大学出版会
所在地　〒662-0891
兵庫県西宮市上ケ原一番町1-155
電　話　0798-53-7002

印　刷　協和印刷株式会社

Printed in Japan by Kwansei Gakuin University Press
ISBN 978-4-86283-383-9